As pérolas de
DANDARA

Editora Appris Ltda.
1.ª Edição - Copyright© 2024 da autora
Direitos de Edição Reservados à Editora Appris Ltda.

Nenhuma parte desta obra poderá ser utilizada indevidamente, sem estar de acordo com a Lei nº 9.610/98. Se incorreções forem encontradas, serão de exclusiva responsabilidade de seus organizadores. Foi realizado o Depósito Legal na Fundação Biblioteca Nacional, de acordo com as Leis nos 10.994, de 14/12/2004, e 12.192, de 14/01/2010.

Catalogação na Fonte
Elaborado por: Josefina A. S. Guedes
Bibliotecária CRB 9/870

B238p
2024
	Barbosa, Elivânia Oliveira
	   As pérolas de Dandara / Elivânia Oliveira Barbosa. – 1. ed. – Curitiba: Appris, 2024.
	   131 p. ; 21 cm. – (Geral).
	
	   Inclui referências.
	   ISBN 978-65-250-5763-7
	
	   1. Ficção brasileira. 2. Lutas. 3. Sonhos. 4. Resiliência (Traço da personalidade). I. Título. II. Série.
	
	                                      CDD – B869.3

Appris
editora

Editora e Livraria Appris Ltda.
Av. Manoel Ribas, 2265 – Mercês
Curitiba/PR – CEP: 80810-002
Tel. (41) 3156 - 4731
www.editoraappris.com.br

Printed in Brazil
Impresso no Brasil

Elivânia Oliveira Barbosa

As pérolas de
DANDARA

Appris
editora

FICHA TÉCNICA

EDITORIAL	Augusto Coelho
	Sara C. de Andrade Coelho
COMITÊ EDITORIAL	Ana El Achkar (UNIVERSO/RJ)
	Andréa Barbosa Gouveia (UFPR)
	Conrado Moreira Mendes (PUC-MG)
	Eliete Correia dos Santos (UEPB)
	Fabiano Santos (UERJ/IESP)
	Francinete Fernandes de Sousa (UEPB)
	Francisco Carlos Duarte (PUCPR)
	Francisco de Assis (Fiam-Faam, SP, Brasil)
	Jacques de Lima Ferreira (UP)
	Juliana Reichert Assunção Tonelli (UEL)
	Maria Aparecida Barbosa (USP)
	Maria Helena Zamora (PUC-Rio)
	Maria Margarida de Andrade (Umack)
	Marilda Aparecida Behrens (PUCPR)
	Marli Caetano
	Roque Ismael da Costa Güllich (UFFS)
	Toni Reis (UFPR)
	Valdomiro de Oliveira (UFPR)
	Valério Brusamolin (IFPR)
SUPERVISOR DA PRODUÇÃO	Renata Cristina Lopes Miccelli
PRODUÇÃO EDITORIAL	William Rodrigues
REVISÃO	Débora Sauaf
DIAGRAMAÇÃO	Renata Cristina Lopes Miccelli
CAPA	João Vitor Oliveira dos Anjos
REVISÃO DE PROVA	Jibril Keddeh

Aos meus amigos, foram eles que me deram força e estenderam-me a mão quando tudo parecia estar perdido, quando a vida perdeu o brilho, a tristeza tomou conta do meu ser e aquela luz no fim do túnel havia se apagado.

AGRADECIMENTOS

Agradeço de coração a:
Deus, pela vida e pela força;
Paula Regina Castro, por sempre acreditar em mim;
Janaina Castro, pelo apoio na realização desta obra;
Ao saudoso amigo Nelton Luiz;
Minhas psicólogas, pelo apoio emocional;
Wilza Unida, pela correção ortográfica;
Ao saudoso amigo Dr. João Laranjeira (*in memoriam*);
Meus mestres, pelos ensinamentos necessários;
Padre Aldo Lucchetta (*in memoriam*);
Minha mãe, pelo exemplo e dedicação;
Minha saudosa avó Dinha, pelo apoio e instrução;
Meus primos, pelo companheirismo;
Meus amigos e amigas, pelo incentivo, a todos meu eterno muito obrigada.

PREFÁCIO

A vida...

O que é a vida?

Antônio Abujamra poderia nos fazer essa pergunta infinitas vezes em busca de uma mesma resposta.

O que é a vida?

Dandara pergunta a cada pessoa todos os dias em busca de respostas diferentes da vida que ela viveu.

Qual a diferença entre responder com a mesma resposta e responder com respostas diferentes?

A vida é seu colar. Onde vai estar essa joia enquanto você existir?

É sobre ser e não sobre ter. Mas é sobre ter também, sobre ter respeito, cuidado, zelo e coragem.

É sobre ser maior a cada dia mesmo que a cada dia a vida procure lhe diminuir e lhe tornar invisível.

É sobre ser preciosa como a pérola que unida a esse fio vivo compõe o colar.

É sobre ser referência, sobre ser tendência que transforma e reforma cada pedaço estragado.

O que é a vida então? Um fio que une todos esses pedaços? Um pedaço que unido a outros forma um todo?

Ou um todo que se separa para poder se juntar?

Elivânia nos presenteia com uma joia rara,

tão rara, que muitos de nós que a receberemos não saberemos como usar.

Não é o desconhecimento que causará esse episódio de mau uso, será a ignorância que cega, que renega, que finge não ver, não ouvir, não entender e não sentir, que nos fará desconhecer um colar.

A vida em todas as suas etapas sempre esteve ali na mesma rua, na mesma casa,

abrindo a mesma janela e vendo o mundo florir, vendo as folhas caírem e os frutos adoçando tudo.

Onde estávamos quando todas essas fases passavam? Estávamos plantando flores?

Estávamos roubando sementes? Estávamos regando jardins? Estávamos dormindo? Ou não estávamos nem aí?

A vida é pra ser vivida, não pra ser aceita ou compreendida.

Quando paramos de andar para buscar aprovação ou mapas já construídos para seguir, estamos

tirando nossa vida do caminho e colocando-a para andar sem rumo.

É sobre seguir tendo como base o que os seus olhos conseguem ver.

É sobre não ter medo de atravessar o rio e acreditar na possibilidade de haver um novo rio depois do rio que já atravessou, e quem sabe haver um oceano nos esperando para mergulhar.

É sobre ser rio e ser mar, sobre ser fruto e ser semente, sobre ser quem for, mas sobre ser gente.

Gente que vira história, gente que pinta cada pedaço da vida com as cores do coração.

Elivânia nos deixa como presente essa joia rara. Rara como um coração que dispara por algo que está na cara. Rara como um olhar que encara.

Rara como a vida que é uma joia rara, rara como a vida confeccionada com *"As pérolas de Dandara"*.

Dinimvaldo Barbosa Fernandes
Pedagogo

APRESENTAÇÃO

A vida se assemelha a um novelo, em que inicialmente só se é possível conhecer uma ponta da linha; para que a outra ponta seja revelada é preciso desnovelar toda a meada.

É assim a vida, cada ponto no tecido representa o que a pessoa percorre na longa caminhada, e a cada volta que se dá no novelo, é uma descoberta, recomeço e esperança, além de haver sempre uma surpresa. No entanto, é preciso paciência, pois o fim da linha pode não ser agradável, muitos até conseguem êxito, porém ninguém desvela o futuro.

É assim a história contada nestas páginas, em que a personagem Dandara passa por várias etapas e vive muitas experiências, momentos difíceis, decepções, mas também agradáveis surpresas.

Na verdade, Dandara não existe no mundo real, o que há de verdade é sua história, e talvez, sem esta, não fosse possível conhecer a verdadeira personagem que, nesta obra, é apenas um personagem. Uma vez que Dandara dos Palmares precisa ser relembrada, reconhecida e memorada por todos os brasileiros, pois ela foi uma guerreira negra do período colonial do Brasil que, após ser presa, cometeu suicídio, jogando-se de uma pedreira ao abismo para não retomar a condição de escrava.

Dandara era esposa de Zumbi dos Palmares, com quem teve três filhos. Essas crianças, talvez tenham sido suas verdadeiras pérolas, pois percebe-se que para quem as detém, são preciosas ao extremo. Isso é evidente, uma vez que a Dandara mencionada nesta obra não relata ter tido filhos. Ressalta-se que Dandara dos palmares faleceu no dia seis de fevereiro de mil seiscentos e noventa e quatro, e que a personagem desta obra continua vivenciando novas experiências, se realizando e construindo sua história de vida.

Por isso a obra "As Pérolas de Dandara" se constitui de realidades vivenciadas por uma pessoa desse porte, as páginas seguintes estão repletas de lições, recordações, sonhos, realizações, sobretudo de superação.

Acredito que todas as pessoas, em suas experiências de vida, têm um pouco de Dandara, pois quem se habilita a viver neste mundo carrega dentro de si os sentimentos, emoções e medos, vivenciando constantemente as perdas, os sofrimentos e constrangimentos, num processo contínuo de crescimento em sua missão.

Diante disso, reitero que as colocações imbricadas nesta obra serão relevantes para despertar uma reflexão profunda, principalmente no que tange ao sentido da vida, como também ao compromisso enquanto seres viventes neste planeta, no sentido de continuar em busca de se tornar, a cada dia, um ser humano melhor.

Este livro mostra que depois de uma peça que a vida prega em cada um, é possível que haja uma reviravolta, em que se reergue, de modo a levantar, sacudir a poeira e seguir adiante como alguém que apenas passou por uma provação, pois o ouro é provado no fogo, a partir daí é necessário recomeçar. Uma vez que, ao se retomar a luta, a pessoa adquire uma força impetuosa que vem do Altíssimo, bem como, encontra-se apoiada na família, nos amigos e nas pessoas que a querem ver bem, sendo capazes de sustentá-la.

SUMÁRIO

PRÓLOGO 17
DETALHES DE UMA VIDA 19
PÉROLA DA CORAGEM 23
FRAGMENTOS DA PÉROLA DA ESPERANÇA 28
UMA PORTA QUE SE ABRE 29
ATIVIDADES DO PLANTIO E DA COLHEITA 33
A DINÂMICA DO PLANTIO 35
A ROÇA DE ZÉ DE LORA 38
O FORNO DE CARVÃO 41
O COTIDIANO NA CASA GRANDE 42
A PÉROLA DA FÉ 46
FÉ E ORAÇÃO 48
O AMOR FRATERNO 49
A CUMEEIRA CAIU 51
A CISTERNA DO PADRINHO 53
O COAXAR DOS SAPOS
NO ALAGADIÇO DO RECANTO 54
O DIA DA CONSAGRAÇÃO 55
A CASA DE FARINHA 56
O ENGENHO DE CANA-DE-AÇÚCAR 58
AS FORTES CHUVAS
QUE CAÍAM NO RECANTO 60
AS LIMITAÇÕES E A PÉROLA DA VONTADE DE VENCER 62
AS MISSÕES REDENTORISTAS 64
OS FESTEJOS DE SENHORA SANTANA 65
A ESCOLA JOSÉ RODRIGUES DA COSTA 67
O CAMINHO PARA A ESCOLA 69
O DIA A DIA NA ESCOLA PRIMÁRIA 72
A SABATINA DE TABUADA 74
A CURANDEIRA 78
O JOGO DE BALEADO 82

NOITES DE LUA CHEIA 84
PÉROLAS DOS OBJETIVOS, SONHOS E PLANOS 86
A MUDANÇA PARA A CIDADE 88
O SACRAMENTO DA CRISMA 92
O COLÉGIO ESTADUAL SINÉSIO COSTA 94
DANDÁRA E O MERCADO DE TRABALHO 98
O PROGRAMA DE ACELERAÇÃO 101
O CURSO TÉCNICO EM ENFERMAGEM 104
O BOLETIM DE FOFOCAS 106
O CURSINHO PRÉ-VESTIBULAR 108
O SURTO PSICÓTICO 110
POR QUE O SURTO? 111
SINTOMAS DE UM SURTO PSICÓTICO 112
DIFERENÇA ENTRE NEUROSE E PSICOSE 113
DANDÁRA EM SURTO PSICÓTICO 114
DANDÁRA ENTRA EM DEPRESSÃO 116
DANDÁRA É HOSPITALIZADA 119
A APARIÇÃO DE NOSSA SENHORA 120
O HOSPITAL PSIQUIÁTRICO AFRÂNIO PEIXOTO 121
O CENTRO DE ATENÇÃO PSICOSSOCIAL 124
OH AMADA MORTE! 127
MORTE, Ó MORTE! 128
REFERÊNCIAS 130

PRÓLOGO

Conforme pesquisadores da biodiversidade, a pérola é o resultado de uma reação natural do molusco contra invasores externos, como alguns parasitas que buscam seu interior para nele reproduzirem. Para tanto, esses organismos perfuram a concha, se alojando no manto, uma fina camada de tecidos que protegem as vísceras da ostra. Ao tentar se defender do intruso, o marisco o ataca com uma substância segregada pelo manto denominada nácar ou madrepérola, composta de noventa por cento de um material calcário (a aragonita), também contém seis por cento de material orgânico (a conqueolina), que é o principal componente da parte externa da concha e quatro por cento de água. Depositada sobre o invasor em camadas concêntricas, essa substância cristaliza-se rapidamente isolando o perigo e formando uma bola rígida, dando sequência ao processo de maturação da pérola que duram três anos.

Nessa perspectiva, avalia-se que a pérola é algo muito precioso que é construído na exímia tentativa da ostra de se defender dos invasores externos, de forma a transformar o obstáculo numa rara preciosidade. Diante desse fenômeno, assevero que se constituem pérolas necessárias à evolução humana: a Coragem de lutar, a Vontade de vencer, a Fé, a Esperança, cujos resultados se perpetuam nos Objetivos, nos Sonhos e nos Projetos. Sou a favor de que todo ser humano tenha ambição para ser capaz de buscar sempre por mudança, pois afirmo e dou fé que a vida é uma constante, sendo assim, estagnar-se é covardia.

Portanto, é necessário que, assim como o universo, a vida esteja sempre em movimento e harmonia, nessa constante é preciso que haja uma busca incansável por conhecimentos, discernimento para se ter a sabedoria capaz de promover dias melhores.

Pondero que, o universo conspira a favor de quem tem olhares fixados no horizonte, de modo que a ânsia de crescer, progredir e vencer supera todas as barreiras impostas pelo destino. Dessa forma, acreditar em si, apostar na vida e manter os pés no chão, se definem enquanto atitudes de gente que pensa, planeja e sonha, visando um futuro próspero para suprir os anseios do corpo e da alma.

Sendo assim, venho por meio desta obra narrar a história de Dandara, para promover o espírito de ânimo, fortalecer a fé e confirmar a existência Divina a quem ainda, porventura, venha a duvidar da Sua misericórdia e poder. Nisso, espero convencer cabeças e corações de que a vida é um Sopro e nela há tropeços, quedas, reconstruções e vitórias.

Neste livro, venho tratar de assuntos de grande relevância para o desenvolvimento humano, pois vejo que uma atitude brilhante de uma pessoa consiste na sua capacidade de resiliência, mediante esta é que a vida se reconstitui, de forma a tornar um sujeito preparado para seguir com êxito o seu percurso vital.

DETALHES DE UMA VIDA

Dandara nasceu em meio a uma família humilde, filha única de Dona Maria, viveu a infância e adolescência na Fazenda Folha Miúda de Santaninha, no município de Riacho de Santana-Ba. Morava numa casa construída com tijolo de barro, de chão de terra com Dona Maria e a avó, a casa era deteriorada, sem acabamento e retirada da estrada. Logo, Dandara se encontrava distante da civilização.

A avó lhe proporcionou uma educação rigorosa, dotada dos preceitos e costumes arcaicos, assim, lhe ensinou a ser sempre solidária e aberta à caridade.

Menina dotada de uma natureza afável, não contou com a presença do pai, que se separou de Dona Maria, pois a menosprezava e a constrangia em vários momentos. Nisso, partiu, deixando Dandara bem pequena para ir morar em São Paulo, onde construiu outra família. Assim, a pequena Dandara, em sua singeleza, dividia tanto as melancolias quanto os momentos felizes junto a Dona Maria.

Nesse contingente, Dandara levava a vida com muitas dificuldades, tendo sido uma criança muito sofrida, não fazia uma alimentação adequada, andava de pés descalços e nem sempre possuía peças de roupas o suficiente para trocar; acompanhava o sofrimento de Dona Maria que, tendo a responsabilidade de educá-la, trabalhava duramente na roça, enfrentando o sol ardente, muitas vezes era acometida por fortes enxaquecas, dores de dente e nos olhos, já que não possuía condições para tratamento odontológico e era deficiente monocular.

Dandara foi crescendo com sabedoria e saúde, desde criança assumia responsabilidades, ajudava Dona Maria nas atividades domésticas, cortava lenha, apanhava água na cisterna ou cacimba, e ajudava a cuidar das criações, jogava milho para as galinhas, pisava a canjiquinha para os pintos no pilão, colocava água no coxo dos porcos, prendia, curava, pastorava cabras e ovelhas, sovava arroz no pilão, o café era comprado cru, nisso, Dandara ajudava a torrá-lo e pisá-lo no pilão, tudo isso era feito com muito esforço, os tempos eram muito difíceis, faltavam muitas coisas, mas se ajeitava como pudesse, contentando com o que houvesse disponível para comer.

Havia a tia/avó Beatriz, que também era vizinha, o caminho até sua casa era de mato fechado com árvores de galhos secos retorcidos, raízes e pedregulho. Doravante, nas horas de angústia, Dandara ia à casa desta senhora, muitas vezes no momento de maior dificuldade, ela emprestava-lhe medidas de açúcar, café, óleo, sal, entre outros insumos que faltavam na cozinha, pois tudo isso era algo que só se adquiria na cidade e nem sempre havia um meio de transporte para a avó ir ao comércio reabastecer a dispensa. Tanto que, muitas vezes, faltava o querosene para o candeeiro, ao que a tia beata também lhe arranjava uma pequena quantia.

Era de costume o querosene faltar para iluminar a escuridão, nisso, a noite sombria se dava numa sofreguidão que sufocava o coração de Dandara, provocando-lhe muito medo, num ambiente envolto pelo mato, a qualquer momento apareciam cobras, escorpiões e outros insetos peçonhentos que vinham do matagal para a casa, naturalmente era necessário que houvesse uma lamparina para iluminar a moradia, quando não se disponibilizava do querosene ou óleo diesel, era acesa uma lareira no meio da sala para possibilitar o preparo do jantar e das camas.

Em épocas de chuva, a avó arranjava potes e vasilhames para colher a água que caía das pingueiras, pois seria usada para beber e cozinhar durante o tempo de estiagem. Perante isso, tudo se consumava em um tempo bom, onde Dandara, Dona Maria e a avó iam plantar na roça. A dinâmica do plantio se dava quando a terra estava bem molhada, de modo que Dona Maria jogava as sementes na cova que a avó abria, e Dandara jogava terra.

Embora a vida fosse difícil, Dandara estava sempre feliz, vivia alegre, era divertida e muito adorável, seu primeiro contato social se deu com os primos e primas, que também brincavam e compartilhavam momentos de alegrias, tristezas ou dores; todas as manhãs, alguns deles traziam o leite para avó e logo chegavam outros para trabalhar na lavora.

O primo mais velho era o Florisvaldo, este era muito ativo e chegou a brincar com Dandara com uma bola, que a mesma havia ganhado do pai quando lhe fez uma das poucas visitas, também chegou a brincar com o Fernando, onde tudo se tornava em uma grande euforia, de modo que eles chutavam a bola para todos os lados, submetendo Dandara a aparar as bolas que eles chutavam fortemente.

Certa feita, o Florisvaldo chutou a bola tão forte que a maluca bateu no copo de café da sua mãe, que se encontrava na janela da sala, derramando-o em seu rosto, naquilo houve choros e lamentações, pois Dona Maria fez o desprazer de rasgar a bola em tiras usando uma faca.

Contando com os primos para brincar, conversar e sorrir, Dandara não tinha tempo para a tristeza, pois corria e pulava, de forma que nada lhe abatia e nem desanimava. Gostava muito do padrinho que a tratava com muito carinho, respeito e pegava-a no colo fazendo-lhe cafunés, para Dandara, ele representava a figura paterna que lhe faltou por não ter contado com a presença do pai, por isso apegava-se a esse tio/padrinho, tendo-o como seu protetor.

PÉROLA DA CORAGEM

A coragem se define no moral forte perante o perigo, nos riscos, na bravura e intrepidez, podendo ainda ser definida como a fineza de espírito para enfrentar situações emocionais e moralmente difíceis. Portanto, acredito que a coragem de lutar deve estar presente no cotidiano de todo ser humano que deseja crescer e progredir, pois a cada amanhecer uma nova missão nos é dada.

Nesse sentido, cabe ao ser humano compreender que é na dificuldade que a vida segue o seu rumo, são nas limitações que o sujeito aprimora suas habilidades, liberta o seu pensamento e se fortalece para enfrentar novos desafios.

Porém, recomeçar é necessário, mesmo que o caminho não seja o mesmo e o novo provoque um susto, mas é necessário persistir e sonhar, uma vez que nesta vida não se tem certeza de nada e o que ainda está por vir, pode fazer o sujeito refém dos seus atos.

Diante disso, entendo que reclamar da vida seja um ato de fraqueza, embora a luta de Dandara não tenha sido fácil, ela nunca se sentiu inferior ou mesmo superior a ninguém, e jamais reclamou de um só dia que tenha passado por dificuldades, inseguranças ou incertezas, sempre acreditou no amanhã e sempre travou uma luta incansável em busca de dias melhores.

A vida para Dandara não tem sido fácil, deveras que a mesma não vivera os melhores momentos desde sua infância. De sorte que todos os dias, a garota em batalha, acordava bem cedo para pisar milho, tirar a fubá para fazer o bolo ou cuscuz do café da manhã. Não havendo um forno, Dandara colocava a massa numa panela de ferro, fazia brasas de sabugos numa folha de lata e abafava a panela, de forma que o bolo pudesse assar; algo que aprendeu a fazer observando a avó.

Entre tantas pelejas, lavar roupa era a mais difícil de suportar, pois não havia água perto de casa e não existia um sabão adequado, além de ser lavada em água salgada de cisterna, precisava produzir o sabão, que era feito de tripas de porco, água de cinza e soda cáustica, era com ele que se lavava também a louça, tomava banho e lavavam-se os cabelos. Por ser feito de tripas cozidas, o sabão apresentava um odor e o cabelo ficava com aspecto ruim devido à composição da soda.

Além de todas as limitações enfrentadas, Dandara não contava com a informação, não sabia da existência do creme dental, assim, não escovava os dentes. Nesse caso, Dona Maria a recomendava usar raspagem de juazeiro para limpar os dentes, muitas vezes usava-se as folhas, mas como amargava, Dandara preferia usar lã de aço com sabão de soda.

Por não ter opções de roupa para se trocar, Dandara não tomava banho com frequência, além de ser difícil achar água suficiente para tal. Não usava sabonete, pois não o possuía, a água era salgada e cortava a ação do sabão de soda que também deixava o corpo com um aroma desagradável. Diante disso, Dandara achava aquela vida enfadonha, mas não reclamava de nada, pois sabia que Dona Maria não disponibilizava de condições melhores para lhe proporcionar uma vida mais cômoda.

De antemão, aos finais de semana, Dona Maria, Dandara e a avó iam à noite para a casa da vizinha, levavam o candeeiro numa vara de gancho para iluminar o caminho, aquilo era uma grande distração. Passavam boa parte da noite na casa do senhor Valdivino e juntavam-se a contarem casos de assombração, de modo que a prosa rendia até a madrugada. Havia uma vitrola toca-discos, onde se ouvia as músicas de Roberto Carlos, Erasmo, Amado Batista e tantos outros cantores que animavam o coração de Dandara.

Dandara gostava de ouvir as anedotas que a avó relatava e se divertia com a seção de piadas que eram contadas nas casas dos vizinhos. Mas, devido os casos de assombração serem contados à noite pelos vizinhos, ao retornar para casa, Dandara sentia-se com o coração apertado, no caminho optava por levar o candeeiro, se ouvisse um ruído de dentro do mato era motivo de escarcéus e tremores de medo.

Falar de passeio a noite sem mencionar a casa da tia/avó é impossível, cuja morada se dava em uma casa deteriorada e inacabada, onde habitava a tia Beatriz até lá, havia um caminho pedregoso, cheio de raízes das árvores. Dandara percorria este caminho às escuras com a avó e Dona Maria, com o candeeiro numa vara de gancho, às vezes levando tropeços, outras era Dona Maria quem tropeçava e gritava aflita pela luz do candeeiro. Ao chegarem, a tia Beatriz as recebia com muita alegria, pois moravam ela e seu esposo, também idoso, naquele casarão antigo que era afastado da estrada em que também ficava distante da civilização.

Em se tratando de civilização, é notório o quanto era macabro viver no velho recanto da Fazenda Folha Miúda, pois Dandara nunca dantes vira um carro, com o passar do tempo, ao ouvir o ronco de um motor, ela subia na cerca do curral para ver ao longe, a velha caminhonete que passava na estrada, a qual fazia linha na região. Além disso, a falta de informação e conhecimento unia-se à necessidade e a vontade de se desenvolver, mas tudo tornava a vida de Dandara muito difícil, tanto que a desvalida não podia comprar nem um caramelo e quando tomou conhecimento da variedade de doces e outras guloseimas que havia na cidade, começou a se interessar por adquiri-las.

Quando tomou gosto pelas coisas modernas, Dandara começou a batalhar para possuir tudo o que desejava. Outrora, por serem mais esclarecidas, as primas falavam-lhe das coisas boas que existiam na cidade.

Portanto, contavam para Dandara que na cidade havia frutas gostosas e que na feira livre vendiam maçã, que era uma fruta muito boa, doce e saborosa, mas muito cara e somente os ricos podiam comprá-la. Dandara se interessou tanto para conhecer a fruta que começou a juntar umas gorjetas e solicitar à avó que comprasse maçãs.

Para conseguir alguma gorjeta, Dandara sovava arroz para vender, colhia a soca de arroz para vendê-lo sovado a quilo, colhia milho, debulhava-o e vendia os litros, também tirava tinta de urucum no pilão para vender.

Certa vez, comprou balas, chicletes, outros doces e a fruta tão cobiçada, a maçã, que poucos tinham acesso. Convocando a avó a comprar tais coisas, ficou a aguardar ansiosa pelo sábado à noite, quando ela chegaria da cidade trazendo suas encomendas, algo que se deu numa grande realização, pois pôde comprar tudo com seu próprio dinheiro.

Por entender que a Fazenda Folha Miúda era um local isolado ao extremo, Dandara desejava sair dali um dia, sonhava em ir morar na cidade, conhecer pessoas evoluídas e também se evoluir, ver carros, coisas belas, comer frutas diversas.

Dandara ficava muito curiosa ao ouvir Dona Maria falar sobre o ônibus, que era um meio de transporte enorme, onde caberiam várias pessoas, nisso ela queria um dia poder conhecer esse meio de transporte tão interessante.

Certa vez, ouvindo a prima falar que do outro lado da serra da Santaninha havia uma cidade chamada Macaúbas, Dandara ficou curiosa e quis saber mais informações acerca desta cidade e qual seria o caminho para cegar lá.

Perguntava a todos que via se saberiam onde ficava Macaúbas e como chegar nela passando pela serra geral. Alguns contavam casos maravilhosos sobre esta cidade, outros diziam que nem existia, e outros falavam que já haviam ido a cavalo passando por um caminho esburacado e cheio de lama, as histórias eram mirabolantes e deixavam Dandara fascinada.

Todos os dias, Dandara sentava-se debaixo de um grande juazeiro que havia no terreiro da casa velha onde morava, observando a serra e suas maravilhas, imaginando qual seria o caminho que poderia trilhar para Macaúbas, devia ser muito difícil chegar lá escalando a montanha, cheia de gólgotas. Além disso, havia a necessidade de ir a cavalo, mas Dandara não disponibilizava de um, e tinha consciência do quanto seria desafiador enfrentar tamanha aventura para conhecer Macaúbas.

FRAGMENTOS DA PÉROLA DA ESPERANÇA

A esperança é o sentimento de quem vê como possível a realização daquilo que se almeja, é a confiança em que coisas boas virão para tornar a vida melhor. É sabido que o ser humano deve ter sempre esperança, por mais que a vida seja difícil e que muitas vezes os sonhos da pessoa humana pareçam impossíveis de serem realizados, mas não se deve perder a esperança de alcançar tudo aquilo que sempre sonhou.

Pode ser que muitos dos planos do justo não se concretizem, mas se acaso ele conquistar pelo menos um terço do que se almeja a vida já valeu a pena. Um sonho é sempre algo que motiva a pessoa a lutar e conquistar o que se quer, é por um desejo que a faz acordar todos os dias com foco e com o pensamento firme, acreditando que no fim aquilo que se persegue será realizado.

Às vezes, é partindo das coisas pequenas que se chega longe e o inatingível pode se tornar realidade. Porém, é preciso ter sonhos e força para jamais desistir da luta, pois uma vez vencedor, nunca mais o sujeito será o mesmo, de modo que a batalha vencida lhe mostra o tamanho da sua capacidade e o quanto valeu a luta, assim ele seguirá fortalecido em busca de novas conquistas, crendo que tudo é possível.

UMA PORTA QUE SE ABRE

Certa vez, Dandara ganhou um presente muito bom que a ajudou na concretização de um de seus sonhos. A tia/madrinha lhe deu uma leitoa, dizendo que seria para abrir a sorte. Dandara ficou muito feliz com o presente, então planejou fazer render uma vara com muitos porcos para vender e investir em gado, almejando posteriormente ajudar Dona Maria e a avó a comprarem uma casa na cidade para que pudesse estudar e conhecer outras coisas da vida urbana, como trabalhar, comprar roupas, calçados, joias, perfumes, bolsas, óculos de sol e outros assessórios que Dandara sempre teve muita vontade de possuir.

A verdade é que Dandara viveu na fazenda Folha Miúda, lutando constantemente para sair de lá um dia e ir morar na cidade. Para tanto, fez todo esforço para estudar na escola multisseriada da Santaninha. Porém, ainda era muito nova e havia muitas responsabilidades, precisava ajudar Dona Maria a colher algodão na roça dos vizinhos para adquirir algum dinheiro. Em casa, a avó tinha o costume de fiar na roca. Dandara e a mãe, toda noite, passavam o algodão no descaroçador, o batia com um arco para a avó continuar a fiar e fiavam algodão no fuso, onde, posteriormente, o novelo seria transformado em miadas, que seriam tingidas com uma planta chamada anil e tecida no tear para fazer cobertores e toalhas para vender.

Dandara, a avó e Dona Maria ferviam as folhas do anil, colocavam-nas de molho, misturavam com água de cinza para produzir a tinta das miadas. Além disso, Dandara ajudava a avó a arrancar mandioca para colocar de molho, apodrecer e produzir a "puba" para fazer bolo.

Dandara vivia na esperança de um dia se mudar para a cidade, ter casa própria e trabalhar para ter uma renda. Mas, enquanto a mudança não se concretizava, ela continuava na luta, sempre esperançosa, criando porcos e galinhas, vez ou outra colocava alguma galinha para chocar, cuidava dos pintinhos e quando os frangos tivessem seis meses, vendia-os para comprar roupa, calçados e os produtos mais modernos da cidade como sabão em pó, creme dental e sabonete. Também juntava ovos caipiras para vender no intuito de poder comprar remédios para Dona Maria que muitas vezes ficava doente.

A avó, a mãe e demais familiares de Dandara eram de família tradicional, mantinham certos costumes que foram passando de geração em geração, um deles era a crença em curandeiros, benzedeiras e espíritas, quando alguém adoecia, mandavam chamar o benzedor para benzer e recomendar algum remédio preparado com ervas medicinal. Assim, quando Dandara sentia alguma dor, inflamação na garganta, verminoses ou resfriado, a avó levava uma peça de sua roupa para o benzedor fazer orações. O curandeiro era um senhor conhecido por todos na região, seu nome era Aprijo, que fazia as orações na intenção de melhorar a pessoa adoentada e diagnosticava o problema de saúde, mesmo estando distante, às vezes recomendava algum chá.

No caso de Dandara, ele dizia sempre que a menina tinha muitos tipos de vermes ou às vezes dizia que era indigestão, nesse caso, recomendava tomar café amargo, na verdade a melhora acontecia devido à fé, nisso, as orações de seu Aprijo faziam com que as pessoas melhorassem da moléstia.

Em tempos de outrora, Dona Maria trabalhava na roça de terceiros, pegando algodão para ganhar algum dinheiro para se manter e cuidar de Dandara, o dono de uma dessas roças era o senhor Joaquim de Neném que, em meados dos anos oitenta, plantou algodão nas terras do Jaime, tio/padrinho de Dandara dantes mencionado.

Dona Maria levava Dandara para ajudá-la a trabalhar na colheita do algodão, mas em outros tempos, quando ainda era muito pequena, Dandara acompanhava a mãe pra o roçado onde lá brincava com o Leandro e a Luciana, seus amigos de infância, iam para o Rio do Tirana a jogarem farinha na água corrente para juntar piabas, as quais pescavam para comerem fritas.

O Léu fazia um Jequi dentro do rio para que as piabas se juntassem na queda d'água e facilitassem ser pescadas. Além de pescarem piabas e peixes maiores, Dandara e Léo se molhavam nas águas correntes do rio e davam cambalhotas na areia, onde se divertiam muito.

Já adolescente e ajudando Dona Maria na colheita do algodão.

Dandara planejava aumentar seu rebanho de galinhas com o dinheiro que ganhasse quando fossem pesar o algodão e pagar à mãe. Almejava adquirir um bom dinheiro que pudesse ser o suficiente para comprarem a casa na cidade e poder estudar, se formar para professora e profissionalizar-se.

Naquilo, Dandara sempre acompanhava sua mãe para onde fosse trabalhar, era um tempo difícil, e dona Maria não tinha uma saúde perfeita, não podia tomar muito sol.

Com isso, Dandara ficava muito triste e desesperada quando via Dona Maria adoentada, parecia que seus sonhos não se realizariam, pois a pobre mulher prostrava-se na cama com enxaquecas, dores no olho deficiente, náuseas e ânsia e vômito. Ao que Dandara preparava alguns chás que era o que tinha para oferecer a Dona Maria na hora da moléstia, além disso, recorria a aplicar sanapísio de areia (compressas quentes) nos pés de Dona Maria para alcançar melhoras, ali fazia preces e petições a Nossa Senhora para interceder por ela.

ATIVIDADES DO PLANTIO E DA COLHEITA

Dandara acompanhava Dona Maria e a avó para todos os serviços da roça, fazia as atividades tendo-as como um meio de distração, pois era prazeroso trabalhar a terra.

Quando chovesse, a roça já precisaria estar pronta para o plantio. Para tanto, o preparo se dava em destocar as moitas com um enxadão, juntando tudo e fazendo coivaras para queimar.

Nessa dinâmica, Dandara ateava fogo nas coivaras que eram montes de garranchos, uma a uma, fazendo um fogaréu no roçado, se encarvoava, apanhava cheiro de fumaça em suas vestimentas, até que, ao chegar à noite, tomava se banho frio numa bacia embaixo de uma roseira, depois tomava um café escaldado com farinha e dormia.

Restava esperar a primeira chuva para jogar as sementes, plantava abóbora nos lugares das queimadas, às vezes melancia, maxixe ou quiabo, feijão e milho em toda a roça, depois de alguns dias de chuva o mantimento nascia, junto com ele crescia a "babugem", um mato pequeno, Dandara, então, com uma inchada bem menor do que a de Dona Maria, capinava todo o mato, era assim até que a lavoura crescesse e produzisse.

Trabalhar na lavoura sempre foi algo muito prazeroso, na época da colheita, sentia-se satisfação em saber que a batalha não foi em vão, pois podiam ser colhidos os frutos, se tranquilizava em ver que ao amanhecer o dia, ao chegar à roça, logo se deparava com o feijão florindo, produzindo vagens bem granadas, o milharal vingando, melancia, abobreiras, quiabos, maxixe para apanhar, cabacinha e melão. Tudo isso cultivado nas terras da Fazenda Folha Miúda, sob os cuidados de Dona Maria, Dandara e a avó.

Plantar e colher foram grandes manifestações na adolescência de Dandara, filha de lavradora, sempre esteve presente na roça ao lado da avó e de Dona Maria, sabia piamente quando era tempo de plantar e, principalmente, sentia-se feliz ao ver o resultado quando fosse época da colheita.

A DINÂMICA DO PLANTIO

Para possibilitar o plantio, é necessário fertilizar a terra, que significa repor os nutrientes consumidos em cada plantio, de modo que o solo se recupere estando fértil na próxima safra, assim, as novas plantas tenham nutrientes suficientes para se desenvolver.

Os nutrientes que compõem os fertilizantes são minerais, que podem ser naturais ou artificialmente produzidos.

No caso das roças em que Dandara laborava, a fertilização se dava através do processo de aração ou tombamento da terra, para que o mato seco e apodrecido pudesse fertilizar o solo de forma natural.

Depois desse processo, acontecia a semeadura, daí passava-se pelo processo de germinação.

Assim, logo viria o mantimento, onde acontecia a fecundação das plantas, cuja depende de o grão de pólen ser liberado por uma flor para então alcançar outra da mesma espécie e assim, fertilizar seu óvulo.

O pólen germina ao atingir o órgão reprodutor feminino se transformando no tubo polínico.

A polinização consiste no ato da transferência de células reprodutivas masculinas através dos grãos de pólen que estão localizados nas anteras de uma flor, para o receptor feminino de outra flor ou para o seu próprio estigma.

Porém, no caso das lavouras que Dandara cultivava com a avó e Dona Maria, não havia necessidade de se realizar esse processo, já que os besouros e as abelhas se incumbiam dessa tarefa e a produção ocorria naturalmente.

Quando passava o período da colheita do feijão e do milho, Dandara se deliciava no cultivo do arroz, quando seus tios plantavam juntamente com outras pessoas e os anos chuvosos permitiam uma colheita farta, o arroz era cultivado na baixa do fundo da casa grande da fazenda, em que para isso, havia antes todo um preparo do solo.

A terra era tombada com arado puxado por um cavalo, num quarto da casa se guardava o velho arado/tombador do finado avô (Dezinho).

Juntamente com demais outras ferramentas agrícolas utilizadas para lavrar a terra e cultivar a lavoura, ali também estavam guardas algumas cangaias, buracas, gibão, cavadeira/tira-terra, levancas, estrives, inclusive umas caçambas de alumínio, arreios/celas, rédeas e pares de esporas.

Ficaram marcados na mente e no coração de Dandara, que jamais se esquecerá dos verdes anos em que, no período chuvoso, os rios traziam grandes cheias que alagavam as baixas do fundo da casa grande, onde ali estava plantado o arroz, de maneira que a natureza resplandecia contente.

Quando já estava produzindo, os cachos de arroz deitavam sobre a água ali parada e nos dias ensolarados, Dandara e Welington afugentavam os pássaros para não comerem o arroz, aquilo era maravilhoso! Os pés afundavam na lama e o chinelo arrancava as correias quando puxado, prazeroso era ainda tocar nos cachos de arroz maduro e sentir que a terra dá com fatura tudo o que nela se planta.

Certas noites, Welington, João, Dandara, a avó e Dona Maria iam para as rezas de leilão na Vazie da Onça, onde havia também cantigas de roda e algumas distrações. Como Welington dormia na casa grande durante o tempo em que tangia os pássaros no arroz, Dandara sabia que no dia seguinte podia contar com ele para brincarem e se divertirem. Assim, durante o dia ele dava uns gritos nos pássaros que voavam em bando de um canto para o outro da roça.

Quando era época da colheita, os meeiros faziam ranchos de palha num canto da roça para bater o arroz, usavam um ferro para cortar os pés de arroz e levavam os feixes para o rancho, ali havia uma banca onde batiam e os grãos de arroz caiam no chão, formando-se um monte.

Eram tempos bons, na casa grande chegava muita gente para trabalhar na colheita do arroz, eram jovens, adultos e até idosos, almoçavam, tomavam café e iam trabalhar, faziam um mutirão de trabalhadores. As primas de Dandara, Clérista e Cristina, brincavam no rancho, onde, juntamente com Dandara, davam cambalhotas nas palhas que eram jogadas no monte em um canto do rancho, pulavam de cabeça para baixo, viravam o pescoço e desciam rolando nas palhas.

A ROÇA DE ZÉ DE LORA

A época de ouro da infância de Dandara se constituiu de todas as labutas que, significativamente, deram-se a partir da roça do Sr. José Rodrigues dos Santos (Zé de Lora). Ele fez uma derrubada de árvores de grande porte, por meio de um trabalho braçal com o machado; era impressionante a força e a coragem de trabalhar que seu Zé de Lora possuía, pois sem dúvidas, ele era o melhor machadeiro e o homem mais corajoso da região.

Naquilo, ele desmatou três hectares no terreno e fez um mutirão para atear fogo em todo o roçado. Dandara mal cabia dentro de si de tamanha emoção ao ver o fogaréu e os homens gritando e bebendo pinga, enquanto as chamas subiam às alturas.

Após preparar a terra, foi feito o plantio da lavoura, pois já se chegava o período das chuvas. Outro mutirão se deu para que os trabalhadores batessem máquinas com as sementes de milho e feijão, as sementes de abóbora, cabacinha, melancia, quiabo e maxixe eram plantados pela avó de Dandara, pela Dona Lourdes, esposa de seu Zé e por Dona Maria.

Para carpir o mato que saía em meio ao mantimento, eram convocadas muitas pessoas amigas de seu Zé, que ele pagava suas diárias, eram homens, mulheres e jovens que pegavam o pleito na enxada.

Destarte que, ao chegar o tempo da colheita, a alegria tomava conta do coração de Dandara, pois iam todos para a roça quebrarem milho para fazer pamonhas, mingau e comê-lo assado ou cozido, ainda iam catar vagens de feijão verde, pegar cabacinha, abóbora, melancia com fartura, quiabo e maxixe. Quando o milho já estivesse seco, seu Zé de Loura convocava seus amigos para ajudá-lo a colher todas as espigas, quebrando-as e formando montes no meio da roça. Posteriormente, carrearem em carros de boi, onde o destino do milho que tocava para a avó de Dandara era guardado num quarto da casa grande e a outra parte era a de seu Zé, que carregava o milho tocando os bois no carro até o paiol em que possuía em sua casa.

Dandara e Dona Maria ajudavam a avó enfrentando o sol escaldante, tanto no plantio quanto a quebrar o milho que sobrava da colheita, onde era debulhado para engordar os porcos e jogar para as galinhas, além de vender alguns litros para comprar café cru, açúcar, sabão em barra, óleo e farinha.

Tudo se constituía em uma dinâmica muito prazerosa que preenchiam os dias de Dandara, que sonhava em se mudar para a cidade, estudar e trabalhar. Muito embora vivesse épocas de muita fartura, onde tudo que se plantava tinha direito a colher, Dandara não se sentia muito à vontade, pois além do sol escaldante e o cansaço, os braços doíam, as mãos se feriam, as unhas estavam sempre estragadas, as palhas do milho seco e o mato que lhe causavam coceiras por todo o corpo, formando bolhas na pele.

Porém, era prazeroso porque nunca se trabalhava em vão, mas sempre sabia que poderia contar com o fruto de toda aquela labuta para realizar seu sonho, por isso nunca se recusou a tocar os bois no carro que carreava o milho, tocava o cavalo no arado e dava água aos bois enchendo o coxo retirando a água da cisterna com o apoio de baldes.

O período da colheita sempre foi um momento de muita euforia, Dandara estava disposta a auxiliar no que fosse preciso, todos os serviços que a avó, Dona Maria, e o Padrinho/tio iam realizar ela estava dando suporte, enfrentando dificuldades e fenômenos naturais como o vento, o sol, a chuva, até mesmo a seca.

Inclusive, muitas vezes expunha-se ao sol ardente sentindo fortes enxaquecas, mas não se desanimava, sentia-se muito gosto pelo trabalho realizado juntamente com os primos, os quais Dandara queria sempre por perto.

Quando chegava a colheita do feijão de arranca, todos iam arrancando os pés de feijão cheios de vagens maduras, pendurando-os nos pés de milho com muita habilidade e rapidez, pois precisavam terminar todo o trabalho antes da chuva que já se formava no céu e caía na serra. Uma vez que era preciso espalhar todo o feijão no terreiro da casa grande para assim que o sol secasse as vagens, batiam o feião com cambões de varas para tirarem os caroços que eram peneirados para separar das palhas. Nisso, Dandara e as primas catavam os caroços de feijão que ficavam envoltos pela areia do terreiro.

O FORNO DE CARVÃO

Por volta dos anos noventa, era comum na região da Santaninha e demais outras localidades do município de Riacho de Santana, que as pessoas produzissem o carvão vegetal para comercializar, daí tirariam a renda da família. Diante disso, Dandara que não se esquivava de enfrentar todo tipo de trabalho, desde o plantio à colheita, também se dedicou a fazer tijolos de barro para a construção de um forno de carvão. Assim, ajudava o padrinho/tio a amassar o barro e levá-lo para a masseira para cortar o tijolo em um formato retangular, de formas e tamanho diferentes, para depois de secar ao sol, fazer o forno, que seria ao lado da casa grande, onde seriam queimadas as madeiras para a produção do carvão.

Quando o forno estava sendo construído, Dandara utilizava uma carriola para carregar os tijolos até o local da obra. Ainda, em tempos de se produzir o carvão, Dandara auxiliava a carrear a lenha, tocando os bois e botando a lenha no forno, tudo isso era feito juntamente com o primo João Paulo e o tio/padrinho. Depois que se colocava fogo e fechava o forno, era necessário vigiar para quando os "tatus" dessem ponto, algo que acontecia após três dias, e caíssem brasas, era preciso tapá-los com barro, às vezes esse fenômeno acontecia na madrugada, sendo preciso se levantar, acender a lamparina para olhar o forno.

O COTIDIANO NA CASA GRANDE

Dandara não se desanimava com os desafios da vida, sempre trabalhava na esperança de um dia se mudar para a cidade para dar continuidade aos estudos, aquele era seu grande sonho, mesmo com tantas dificuldades, se arranjava como podia. Além de auxiliar a avó na roça, também fazia as tarefas domésticas juntamente com Dona Maria, e fazia as atividades que apareciam em seu dia a dia.

A alimentação não era balanceada, nem sempre havia carnes, proteína ou outras iguarias. Verduras e legumes só se comiam no período chuvoso, quando eram colhidas as abóboras, maxixe e cabacinha, às vezes o padrinho/tio trazia pequi da serra, algumas vezes cozinhava-se um frango, mas em muitos casos, a refeição se dava em farofa de berduega e cariru com arroz.

No período chuvoso, também era comum aparecerem algumas frutas como pinha, manga, laranja, mas também houve um tempo que a avó de Dandara plantara bananeiras e cana-de-açúcar, das quais Dandara podia usufruir. Também eram plantadas batateiral e mandioca. Noutro momento, algumas hortas eram feitas em um jirau no quintal da cisterna, onde eram plantadas alface, cebola, coentro, pimentão e tomate cereja.

Depois de muitos anos, a avó de Dandara plantou algumas hortaliças na meia com a Madrinha/tia de Dandara, onde pôde colher com fartura: beterraba, cenoura, repolho, alho, cebola, alface e coentro. Nesse meio tempo, a avó de Dandara fez um cercado com varas à beira do terreno da casa grande. Pois já pode contar com uma torneira de água corrente que vinha da serra, nesse cercado, foram feitos diversos canteiros, donde se tinham várias hortaliças que compunham a alimentação, como também foram plantadas algumas árvores frutíferas como limoeiro, goiabeira, umbuzeiro, mamoeiros e urucuzeiro.

As dificuldades eram muitas, mas Dandara sabia enfrentá-las com sabedoria e sempre acionando a pérola da coragem e da vontade de vencer. Contudo, desejava muito se livrar daquelas dificuldades posteriormente, uma vez que a casa grande da Fazenda Folha Miúda, onde morava com a avó e Dona Maria, não tinha conforto. De forma que sofá não havia ali, apenas uns bancos de madeira que ficavam na sala e na varanda da casa, onde sentavam-se as visitas. Além disso, havia uma grande mesa de madeira que ficava na sala em que se faziam as refeições, um velho fogão a lenha em uma cozinha cheia de picumã e carvão que deixavam as paredes escurecidas do chão ao teto pela fumaça, as mesmas eram esburacadas, sendo locais onde se resguardavam insetos, como baratas, escorpiões e o barbeiro/chupão, hospedeiro do protozoário Trypanosoma Cruzi, causador da doença de chagas.

Havia ainda algumas panelas de alumínio já muito amassadas, algumas de barro e de ferro, todas muito encarvoadas. Na sala, havia uns potes de barro com água para beber que era aparada nas pingueiras nos dias de chuva, ou na cacimba feita num córrego onde ficava uma goiabeira.

Quanto ao piso da casa grande, esse não existia, o que havia era apenas o chão de terra, todo esburacado que dificultava varrer, para amenizar a poeira, Dandara jogava alguns pingos d'água, espalhando-a com as mãos por meio de uma cuia, e com uma vassoura de ramos varria toda a casa, batendo também um pano para tirar o pó dos bancos e da mesa.

Os pratos eram lavados com folhas de malva ou bucha vegetal, nesse caso, os alumínios amassados e encarvoados não brilhavam, ademais, era difícil encontrar água, que muitas vezes era apanhada num córrego no meio da baixa e a louça era lavada numa bacia no chão da cozinha, cuja água suja derramava da bacia fazendo lama, o que causava mau cheiro no ambiente, os pratos eram postos num jirau no canto da cozinha.

Ainda, havia uma enorme rachadura na parede do quarto onde dormiam Dona Maria, Dandara e a avó, cujo rachão ia do chão ao teto, de tal modo que se via com facilidade o lado de fora. Ainda, a janela que dava para o terreiro do fundo era desgastada por cupins; o ambiente era cheio de ratos e empoeirado, tanto que causava mau cheiro e provocava reações alérgicas.

Ademais, nos tempos chuvosos, a casa era muito fria, o sono era escasso e as noites escuras, pois faltava o querosene para o candeeiro, como a lenha estivesse molhada, não era possível acender fogo no meio da sala, muitas vezes por estar com o corpo já muito cansado, Dandara se deitava logo cedo. Mas, no meio da noite quando já dormia, uma ou outra goteira pingava no meio da cama, ou em outros casos, a cama quebrava consigo, pois por ter sido muito usada já estava fraca.

Naquilo, Dandara precisava fazer uns reparos onde houvesse quebrado, enrolando um pedaço de arame ou batendo alguns pregos com martelo na cama para poder voltar a dormir.

Como não havia um banheiro na casa grande, as necessidades fisiológicas eram feitas no mato e de noite, tudo ficava mais difícil, pois precisava enfrentar o escuro, carecendo levar o candeeiro para bem distante da casa, arriscando pisar em cobras e outros bichos peçonhentos, além de não ser possível mantê-lo aceso nas noites chuvosas e de ventanias.

Porém, diante de todas as dificuldades enfrentadas, Dandara não se deixava abater, acionava sempre que precisava a pérola da força de vontade e se sentia esperançosa.

A PÉROLA DA FÉ

Posso garantir com toda convicção que a fé é uma das maiores virtudes do ser humano, uma pessoa fervorosa jamais se deixa abater por pouca coisa, está sempre disposta a ajudar o irmão que sofre, pois além de ser alguém aberto à caridade, também tem consciência de um dos maiores mandamentos da lei de Deus, que é amar ao próximo como a si mesmo.

Dandara sempre foi uma pessoa de muita fé, por isso tem sido muito abençoada pelo Altíssimo Deus vivo misericordioso que cuida de todos. Dessa forma, Dandara sempre procurou estar na presença de Deus, ofertando-lhe o coração, servindo a Ele com muito amor.

Tendo sido batizada na religião católica, Dandara buscou seguir os caminhos de Deus desde sua infância, realizando todos os sacramentos da doutrina cristã, respeitando os princípios Sagrados. Além disso, Dandara se alimenta de orações e da palavra de Deus, jejuando e comungando do Corpo e Sangue do Cordeiro Imolado.

Dandara frequentava o culto e o catecismo aos domingos à tarde, logo que terminava o almoço, ficava na expectativa de se ajeitar para ir à Capela da Comunidade da Várzea da Onça, vez ou outra Dona Maria também se arrumava e ia com Dandara e a avó.

O banho se dava na água salgada da cisterna, a roupa não tinha trocas, pois não havia novas opções, na dificuldade do ferro a brasa, passava algum vestido que era reservado para ir à missa, cuja dinâmica se dava em colocar brasas no ferro velho para passar suas roupas e de Dona Maria para irem à reza, ao culto ou à via-sacra na capela; para perfumar-se, usavam talco com fragrância de rosa dália, usava ainda brilhantina nos cabelos e chinelos.

Desse modo, era no catecismo que se aprendia a rezar e compreender a palavra de Deus, algumas músicas eram cantadas, feitas também cantigas de roda que deixavam o coração de Dandara muito animado.

Depois do culto, Dandara, Leandro e demais outras crianças iam a uma pitombeira que existia nos fundos de uma casa grande, onde moravam três senhoras chamadas Escolásticas, às vezes essas simpáticas senhoras os ofereciam café com peta caseira, bolos de brevidade, dentre outras guloseimas que elas mesmas produziam.

Nota-se que Dandara convivia com todas as crianças que brincavam felizes no grande terreiro da frente da capela, mas por ser um pouco introspectiva, sentia dificuldade para se inserir, mas chegou a se encantar com um ato formidável de Leandro que tirou um enorme cacho de pitomba para lhe ofertar, algo que se tornou inesquecível e que a fez ser grata ao Léu para sempre.

FÉ E ORAÇÃO

    Por ter sido educada na doutrina cristã, adotando os princípios da fé cristã, seguindo à risca os ensinamentos rigorosos da avó, Dandara teve que aprender logo cedo as regras da boa conduta, como dar benção aos mais velhos e aos familiares. Dona Maria e a avó a ensinaram a rezar o Pai Nosso e Ave Maria, sendo que toda noite, antes de dormir, ficava ajoelhada, estando Dona Maria de um lado e a avó do outro, com as mãos postas, rezava tais orações e ao término, dava benção papai e mamãe do céu à Dona Maria e à avó; ao concluir a oração dizia: louvado seja Nosso Senhor Jesus Cristo, para sempre seja louvado.

O AMOR FRATERNO

Conceituo que o amor fraterno, ou seja, aquele que se sente uns pelos outros é um dos sentimentos mais sagrados que se pode ter. Esse amor nem sempre é incondicional como o é aquele que se sente por Deus. Mas, é algo muito mais forte do que as nossas convicções e mesmo do que os nossos conceitos, de sorte que, quando se ama o próximo, uma pessoa torna-se capaz de doar a vida por ele, talvez não no sentido mais profundo deste termo, mas pela vontade de servir, de fazer o semelhante feliz.

Nesse sentido, o amor fraternal é sincero, a pessoa que ama sofre, mas não sente doer, chora, mas não sente a lágrima, e seu corpo estremece sem que ela possa perceber, desse modo é perceptível o quão belo é o amor. Assim sendo, Dandara jamais queria ficar sozinha naquele deserto, onde ficava a casa grande da Fazenda Folha Miúda, e procurou formar novas amizades, começou a participar dos Cultos na Capela da Comunidade de Santaninha que aconteciam também sempre aos domingos à tarde.

Aquela mudança de ares foi uma grande descoberta para Dandara que agora podia também se encontrar com as primas que moravam perto da capela, além de buscar a palavra de Deus, um novo horizonte se abria.

De início, conheceu diversas outras pessoas e fez amizades, pois já se sentia à vontade para interagir, viu que podia falar com as primas e se divertir com a Marlene, a Lili e a Lucinéia.

Também se encantava ao ver o Jusefino tocando sua sanfona todo entusiasmado, acompanhando os cânticos, tudo isso foi conduzindo Dandara a frequentar todos os domingos a capela da Santaninha, local em que ganhou liberdade, espairecendo a mente e fugindo do tédio.

A CUMEEIRA CAIU

Certa feita, depois de uma manhã chuvosa, Dona Maria, Dandara e a avó se encontravam no roçado localizado na baixa ao fundo da casa grande, onde plantavam feijão, ao voltar em casa para buscar água, se deparou com o Jânio, irmão do padrinho/tio Jaime que, cortando fumo, preparava um cigarro e estava ali para acendê-lo ao fogo do fogão a lenha, bem como para tomar água e se descansar um pouco.

Neste instante, devido às fortes chuvas que caíram durante toda manhã, continuando a neblina, a cumeeira da velha cozinha desabou fazendo um forte estrondo, para todos os lados saíram os estilhaços do barro encarvoado da fumaça do fogão a lenha. Dandara entrou em desespero, saiu correndo agitada, gritando para o meio da baixa ao encontro de Dona Maria, se lamentando, dizendo que a casa havia caído, ao que Dona Maria a amparou, dando-lhe da água barrenta do córrego, fazendo conchinha com a mão para que se acalmasse.

Para a reconstrução da cozinha, Dandara novamente precisou ajudar a fazer adoubo, o barro era amassado ali mesmo no fundo da casa grande, levava-o para a masseira para dar forma aos adoubos que depois de secados ao sol seriam utilizados na construção.

Dandara e Dona Maria carregavam os adoubos até o local em que seria construída a nova cozinha, para fazerem o alicerce, também carregavam numa carriola, enormes pedras que eram retiradas de um forno construído num buraco no

51

chão do mato do carrasco, pelos negros africanos há muitos anos no período da escravidão no Brasil.

Ademais, Dona Maria, Dandara e a avó descascavam com facas de cozinha: caibos, varas e linhas para fazerem o madeiramento da nova cozinha, também lavaram as telhas da cozinha velha para retirar todo o carvão a fim de cobrir a que estava sendo construída.

Naquilo, fez-se um mutirão para a construção e cobertura da pequena nova cozinha, que também contava com um novo modelo de fogão a lenha, do qual também enfumaçava a cozinha deixando-a logo toda encarvoada.

A CISTERNA DO PADRINHO

Dandara continuava a trabalhar na companhia de Dona Maria e da avó, certa vez, o tio/padrinho abriu uma cisterna próxima ao rio Tirana para dar água ao gado. Como o rebanho era criado na meia entre Dona Maria, Dandara, a avó e o padrinho, todos se sentiam na obrigação de encher o coxo de água para o gado.

Além de ser o lugar onde o gado bebia água, também no quintal da cisterna foram plantadas hortaliças na meia entre a tia/madrinha e a avó de Dandara, que sempre se sentiu na obrigação de molhar as hortas e demais outras plantações que havia ali, como: cana-de-açúcar, laranja, coqueiro, entre outros. Havia muita fartura, verduras de todas as qualidades, cenoura, beterraba, pimentão, tomate, alho, coentro, que garantiam uma boa refeição e passaram a fazer parte da alimentação.

Dessa forma, Dandara ajudava a cuidar do gado, se acontecesse de algum dos animais engancharem no coxo de água, buscava socorro para retirá-la, sabia tomar algumas providências em relação a curar um bezerro ou qualquer outro cuidado.

Certo dia, enquanto tirava água da cisterna para encher o coxo, o cabo do sarí escapuliu e Dandara se despencou para dentro do poço a cair, no susto, clamou imediatamente pelo senhor Bom Jesus, subitamente conseguiu se sustentar, agarrando-se com as mãos firmes no travessão da bomba se escapando do perigo.

O COAXAR DOS SAPOS NO ALAGADIÇO DO RECANTO

O recanto da folha Miúda era muito isolado e sombrio, mas Dandara se acostumara com o ambiente, pela dinâmica do dia a dia, tornara-se então, um lugar agradável, onde em tempos de muitas chuvas, as baixas do fundo da casa grande alagavam-se com as águas do córrego e à noite soava o coaxar dos sapos numa sinfonia perfeita.

Do córrego vinham os diversos sons que, ao entoarem-se, entusiasmava aos ouvidos de quem os escutasse. Pois em meio àquele lamaçal do alagadiço havia uma verdadeira festa dos sapos.

Naquilo, o sono era tranquilo e reparador, embalado pelo som dos grilos e dos sapos que ensurdeciam o silêncio da noite; a meia noite, o galo miudava, o jumento urrava, os cachorros latiam e ao amanhecer, o dia se acordava com os pássaros a gorjearem, o despertar do galo, as galinhas desciam dos paus. Havia dias de fortes ventanias que retorciam os galhos das árvores, dando novas características ao recanto do pé da serra.

O DIA DA CONSAGRAÇÃO

Consagrar-se é confirmar o batismo, é afirmar a aceitação da vida cristã na igreja, Dandara sempre teve consciência disso, de sorte que convocou a uma senhora para ser sua madrinha de consagração, mas havia pendência, pois suas condições financeiras não davam condições para comprar o vestido que seria usado para tal finalidade, precisava arranjar uma forma de ganhar dinheiro para estar de posse de um vestido bonito, que seria usado na missa em que se consagraria.

Para tanto, Dandara foi trabalhar raleando algodão na roça do senhor Mário Castro, juntamente com Dona Maria, de onde obteve o dinheiro para comprar o tão desejado vestido, estando de posse de um lindo vestido rosa, com longos babados e flores na cintura, sentiu-se encantada! Pôs o vestido, foi para a missa da Comunidade da Várzea da Onça a fim de realizar o sacramento.

Porém, nesse dia, a senhora que seria a madrinha não compareceu à capela, logo não houve a consagração. Naquilo, Dandara voltou para casa tristonha, mas em outra oportunidade houve a consumação do sacramento, porém Dandara já não usava o vestido que comprou para esta finalidade, trajava apenas uma roupa corriqueira, então, perdera o entusiasmo.

A CASA DE FARINHA

Houve um tempo em que funcionava uma casa de farinha na residência do senhor Moisés, onde um mutirão de pessoas ia fazer farinha, as mulheres tiravam tapioca e faziam beiju de massa; Dona Maria, juntamente com outras mulheres, foi convocada para ir tirar tapioca e raspar mandioca.

O trabalho se dava em grupo, em que todos prestavam seus serviços, de modo que o lucro era repartido entre si, os homens trabalhavam na roda que era puxada por um cavalo, a mandioca era passada no motor, de onde saia a massa que era imprensada com as mãos, na pedra aquecida com fogo, torrava-se a farinha, espalhando-a num trabalho braçal com um pedaço de tábua em formato de rodo.

Dandara acompanhava todo o movimento, sempre muito atenta, fazendo diversas perguntas aos trabalhadores sobre o processo da feita de farinha, curiosa para entender como se dava tudo; quando apareciam outras crianças, iam brincar à beira do rio, onde também frequentava a mangueira que já produzia nos terrenos do senhor Moisés.

A felicidade de Dandara se dava em acompanhar Dona Maria todas as manhãs para a casa da roda, aquele foi um período de alegria, pois havia muita fartura, as mulheres iam rapar mandioca, tirar tapioca, fazer beiju, enquanto as crianças brincavam, se divertiam às margens do rio do Caldeirão que banhavam as terras ao arredor.

Brincavam nos balanços de cipó, nos galhos retorcidos das árvores e nos cipoais em volta da casa de seu Moisés, enquanto os adultos carreavam a mandioca de carro de boi e faziam as demais atividades da feita de farinha. Além disso, Dandara juntamente com a Ana Paula e a Clarice, quebravam as vagens do jatobá que havia à beira do rio, comendo a massa de seu interior, da qual suas mães proibiam, pois diziam que poderia ocasionar amarelão.

Fazer farinha era motivo de riqueza para Dona Maria e as demais, pois vendiam os sacos de tapioca e usavam a farinha na alimentação, além de fazer puba, aproveitava também a raspa da mandioca para jogar para as galinhas, em tempo, todos experimentavam com muito prazer os beijus de massa bem crocantes que eram torrados na pedra quente do forno.

Dandara se mantinha muito contente com a dinâmica da produção de farinha, queria estar sempre entre as pessoas, prestando algum serviço que lhe convinha, curtindo a alegria de trabalhar em grupo, achando tudo muito lindo, principalmente a tagarelice das senhoras que, sentadas ao chão em roda, limpavam a mandioca, batendo papos, onde gargalhavam e fofocavam.

O ENGENHO DE CANA-DE-AÇÚCAR

Dandara viveu a magia dos bons tempos, quando outrora se fazia rapadura e melaço de cana. Os dias de moagem no engenho do tio/avô Januário eram de muita animação e entusiasmo, era ali que Dandara passava os dias durante a produção de rapadura.

Dandara tomava o caldo de cana recém moída, podia também experimentar a puxa, o melaço e a rapadura quente. Além de participar de todo o movimento da produção, tocava os bois que carreavam a cana da roça para o engenho, e com um ferrão, também tocava os bois para rodarem as moendas, onde a cana era imprensada para tirar a garapa.

Com efeito, a dinâmica da produção da rapadura era muito interessante, de modo que fazia parte da economia familiar em que a avó de Dandara, juntamente com outras senhoras, batia o tacho de garapa fazendo o melaço até que formasse a puxa, logo daria ponto para informar as rapaduras.

Houve um tempo em que o tio/padrinho moeu cana e produzia rapaduras com fartura, ficava disponível uma cuia na caixa de garapa da qual Dandara a enchia, virando-a na boca, dando grandes goles, quando a puxa já estivesse no ponto na fornalha, a avó molhava os dedos na água fria numa cuia e emergia a mão no tacho fervente tirando a puxa para as crianças que a deliciavam, outras vezes, quando o mel já estivesse pronto, todos o tomavam ali mesmo, à beira do tacho fervente.

Posteriormente, a puxa formava uma massa quente que seria informada nos tabuleiros para secarem ao sol e formar a rapadura num formato retangular.

Dandara se fazia presente em todos os processos da produção de rapadura e dos serviços do engenho, auxiliava em alguns trabalhos, dando ferradas nos bois em volta das moendas e sentia-se feliz por estar inserida naquele meio, onde as pessoas trabalhavam na moagem, passando a entender da labuta na colheita e destinação dos produtos da cana-de-açúcar.

Era comum a prática de se comer rapadura com farinha enquanto se trabalhava na roça, em muitas vezes, Dandara que se encontrava cansada do sol quente e afadigada do serviço pesado de estar agarrada ao cabo da enxada, sentava numa sombra fresca com Dona Maria e a avó e comiam uma grande poção de rapadura com farinha. Em seguida, tomavam um copo de água fresca da cabaça que ficava conservada na areia fria do rio, sentia um vento fresco assoprando no rosto, esfriando-lhe o suor, devolvendo-lhe a coragem para continuar a capir na lavoura.

AS FORTES CHUVAS QUE CAÍAM NO RECANTO

A vida no recanto da Fazenda Folha Miúda era desafiadora, mas Dandara sempre soube encarar com garra e coragem todos os problemas pertinentes àquela realidade.

Nos tempos em que as chuvas torrenciais caíam impetuosamente na região, a velha casa grande se molhava por dentro com grandes goteiras, nas noites de tempestades, o vento tirava as telhas, aumentando ainda mais os transtornos, pois as goteiras molhavam a cama despertando-a do sono.

Além disso, os trovões e raios eram perturbadores, causando pânico ao coração de Dandara que sempre teve muito pavor a esses fenômenos. Algumas vezes caíam granizos, ao que Dandara se escondia debaixo da mesa grande da sala, até que passasse a chuva.

Certa feita, ao se assustar com o estrondo de um trovão, Dandara correu em desespero da janela da cozinha até a sala, se esbarrando no tio/padrinho que também corria amedrontado, de tal forma que o impacto recebido no tórax ocasionou a ele fortes dores no peito.

Mesmo enfrentando o medo das fortes chuvas, Dandara foi apanhada de surpresa por uma chuva ligeira quando certa vez voltava da roça com a avó, para se protegerem das águas impetuosas que caiam acompanhadas de raios e trovões, correram então para um Juazeiro, ficando embaixo da grande árvore que ficava no caminho da roça, onde além de se molharem por inteiro, ainda se arriscavam. Pois não estavam livres de que pudesse cair um raio na árvore, ceifando-lhes a vida.

Diante disso, tira-se a conclusão de que de fato a vida é um mistério, algo que nenhum estudioso conseguiu explicar e que ninguém a tem nas mãos. Muitas vezes a pessoa se pergunta: viver por quê? Muitas pessoas chegam a uma conclusão, outras estão longe de identificar esse enigma. Pois somente o Criador pode determinar se alguém deve permanecer vivo ou quando ele poderá ser chamado a viver na eternidade.

Assevero que a vida tem um sentido, mesmo quando não se opta por ela, de tal modo que uma pessoa normal pode perceber o verdadeiro sentido de sua própria existência, de forma a perceber o quanto vale a pena aceitar essa vocação, a cumprir essa missão.

O certo é que a vida é o primeiro chamado que Deus faz a seus filhos, de maneira que as realizações do corpo e da alma os motivam e impressionam, levando-os a entender por que viver.

Destarte que, existe uma força que encoraja a pessoa humana, de forma que a leva a enfrentar as dificuldades a que ela é submetida.

Assim sendo, importante se faz acreditar que Deus é a razão de tudo isso. Sobretudo, quando se entende que Ele dá ao sujeito o livre arbítrio que o leva a escolher experimentar o bem ou mal que o mundo lhe oferece, e são as suas escolhas que definirão o tamanho da sua felicidade.

AS LIMITAÇÕES E A PÉROLA DA VONTADE DE VENCER

Dandara pôde viver diversos momentos agradáveis durante sua infância e adolescência, tudo lhe intensificou cada vez mais o amor pela vida, despertando a compreensão de que esta é uma dádiva de Deus, como sendo o primeiro chamado vocacional, portanto, tendo enfrentado todas as dificuldades, aprendeu a valorizar intensamente cada momento desse percurso vital.

Por amar a Deus sobre todas as coisas, Dandara buscou estar sempre na presença divina, vivenciando o Evangelho de Jesus Cristo, assídua aos cultos dominicais na comunidade da Santaninha, até que se preparou para fazer a Primeira Comunhão.

Participava das palestras no catecismo em que se preparava no curso de Primeira Eucaristia, aguardando ansiosa pelo dia em que receberia pela primeira vez o Corpo e Sangue de Cristo, presente na hóstia consagrada.

Na véspera do dia de receber a Primeira Comunhão, Dandara se preparava tentando comprar um vestido branco de babados e flores na cintura, uma vela com uma fita branca, um arranjo para o cabelo e um calçado branco, de forma que pudesse estar padronizada para a realização do sacramento.

Diante disso, a catequista de preparação para a Primeira Comunhão, Sônia, a introduziu na caminhada catequética, quando numa manhã de domingo em visita à casa grande, convidou Dandara para participar do curso de primeira comunhão.

Mas no início, foi um desafio a participação, pois Dandara não disponibilizava de um chinelo novo para ir à capela, teve que se arranjar pregando umas chuliadeiras nas correias de um calçado bem desgastado, para assim poder ir ao culto na capela da comunidade, ao curso de Primeira Eucaristia.

Naquilo, Sônia contava com as crianças, pulava, rezava, falava de Deus, passando para casa a tarefa de ler o folhetinho para decorar os dez mandamentos da Lei de Deus, a oração do Pai Nosso, Creio em Deus Pai, mandamentos da igreja, a oração da Salve Rainha e outras mais.

AS MISSÕES REDENTORISTAS

Na comunidade da Santaninha, houve tempos de muita animação, no ano de mil e novecentos e noventa e três, aconteceram alguns dias de celebrações das missões redentoristas, onde dois padres foram locados para a capela da referida comunidade para fazerem as celebrações.

Assim, todas as noites, os fiéis iam para a capela, onde cantavam, louvavam e glorificavam a Deus, trazendo muita animação para a comunidade.

Dandara, que participava ativamente da comunidade, acompanhava todo aquele movimento entusiasmada com tamanha animação por parte dos padres, que incentivavam as pessoas a participarem das missas e demais celebrações.

Logo, todas as manhãs, havia a missa das crianças, Dandara sempre muito atenta, respondia corretamente as perguntas feitas pelos padres a respeito da fé cristã. Nisso, durante o período das missões, que durou cerca de oito dias, os padres distribuíam artigos religiosos, confessavam os fiéis, ensinavam-os a rezar, faziam procissões com a cruz das missões e pregações.

OS FESTEJOS DE SENHORA SANTANA

No tempo dos festejos da padroeira da comunidade, Dona Maria, Dandara e a avó iam todas as noites para as celebrações sob a claridade da lua.

Ao passar na estrada, as pessoas iam saindo de suas casas e acompanhavam-nas indo em direção à capela, de onde saiam em procissão, de forma que quatro homens de mesma estatura carregavam o andor com a imagem de Senhora Santana.

Na véspera da festa, eram celebradas as novenas nas casas carregando a imagem de Senhora Santana, de forma que no percurso entre uma casa e outra, iam fazendo orações de cantos benditos.

Durante os festejos, as novenas na capela eram celebradas com muito entusiasmo e fervor, logo após a reza, louvor e preces, as senhoras rezavam a ladainha, em seguida, os homens gritavam leilões ao som da sanfona do senhor Jusefino que tocava e cantava animando a noite de lua clara.

A participação dos fiéis era expressiva, de tal forma que as pessoas das localidades vizinhas também iam participar das novenas de Senhora Santana, as moças e rapazes se arranjavam por ali aos fundos da capela, onde enamoravam ao som da voz fina de seu Jusefino que cantava a música de refrão: "cuidado com o namoro no escuro".

As crianças e adolescentes brincavam no pátio da capela, alguns meninos traquinos atiravam pedras nos casais de namorados e saiam correndo para se esconderem.

Dandara, juntamente com as primas e as amigas Leinir, Sandra Quely, Olga, Rosangela, Marlene, Lucinéia e Lili, se divertiam, pondo também os papos em dia durante as noites de lua cheia, nos arredores da capela, ao som da sanfona de seu Jusefino.

A ESCOLA JOSÉ RODRIGUES DA COSTA

Dandara tinha sete anos de idade quando foi matriculada na escola primária, vivia ansiosa para começar a frequentar a escola, onde pudesse aprender a ler e escrever, nisso, refutava Dona Maria, questionando o porquê de ainda não lhe haver matriculado. Mas, como o prédio escolar ficava muito distante da casa grande, Dona Maria não quis mandar a pequena Dandara para ir sozinha, enfrentando os perigos do caminho da escola, cujo percurso media mais de três quilômetros de distância da Folha Miúda.

Ao ouvir os primos falarem da escola, dos colegas e da professora, Dandara ficava curiosa e desejosa de fazer parte de todo o contexto escolar, até que quando as matrículas foram reabertas para um novo ano letivo, conseguiu se inserir na nova turma, onde fora alfabetizada. A escola era multisseriada, contava somente com uma professora, que logo cedo varria a sala, onde ministrava as aulas e colocava água no filtro de barro.

A escola de sala única contava com uma privada aos fundos, e no terreiro que dava para a estrada, aconteciam brincadeiras nos intervalos das aulas.

Em frente ao prédio havia o chafariz com uma torneira de água doce, vinda da nascente do Rio São Francisco que corre na serra da Santaninha. Todos os moradores da região apanhavam água no chafariz para o consumo diário, sendo assim, a avó de Dandara a levava para a escola quando também ia apanhar água nesta fonte para beber e cozinhar.

Tamanho era o interesse de Dandara em aprender as letras do alfabeto, de modo que no primeiro dia de aula acordou bem cedo, fez umas orações, levantou-se da cama, tomou um banho frio, vestiu-se com um vestido de chita, tomou um café com farofa de ovo e foi para a escola acompanhada pela avó.

Uma vez na escola, Dandara sentiu-se realizada, ali era o começo de uma longa jornada, a cada novidade seu coração palpitava cheio de orgulho e muito entusiasmo, sentia-se na condição de alguém que estivesse dando um passo para o futuro e quiçá para a realização de seus sonhos, queria muito aprender a ler, escrever, contar; sonhava em poder futuramente ir para a cidade continuar os estudos, até um dia se formar para professora.

O ambiente da sala de aula lhe era acolhedor, logo, Dandara se acostumara com a professora e os colegas em que muitos deles já eram conhecidos através dos eventos da capela da comunidade, inclusive, ali também estudavam seus primos e primas.

Devido a escola possuir uma única sala, havendo somente uma professora, as atividades eram realizadas simultaneamente, onde a professora ao tempo que alfabetizava as crianças pequenas, também trabalhava com textos e ditados de palavras para os que estavam nas séries iniciais do ensino fundamental.

Assim, acontecia desordem entre os alunos, havendo badernas com gritarias e muito barulho, de forma que deixava a professora atordoada, chegando a perder o controle da classe pedindo insistentemente por silêncio, batia a mão na mesa e ameaçava promover uma reunião com os pais para lhes colocar a par do comportamento indisciplinar de seus filhos.

O CAMINHO PARA A ESCOLA

No caminho para a escola, Dandara contava com a companhia de alguns colegas como a Marlene, a Lauriete, a Lucinéia e a Edna Moreira, que, às vezes, ao retornarem para casa, se desentendiam gerando climas tensos, mas logo se desculpavam e tudo acabava bem.

O grande temor de Dandara na época da escola primária estava em se deparar com a Neuracy que, ao vê-la, sempre ameaçava de quebrar-lhe o braço, de forma que todas as vezes que se aproximava desta garota, ela lhe puxava o braço num movimento para traz, de modo a causar dores e mal-estar.

A alfabetização era feita por meio da cartilha, que apresentava alguns desenhos como método tradicional, onde se aprendia ler e escrever por meio de símbolos e fragmentos de textos com rimas, em que o aluno haveria de decorar para o professor tomar a lição, foi assim que Dandara aprendeu a ler.

O método tradicional era rigoroso, havendo o uso da palmatória, que era uma maneira de intimidar e castigar o aluno, de modo que quem não soubesse a lição levava uma pancada na mão com o pedaço de pau que o professor chamava de bolo e descia o braço sem dó.

Assim sendo, certo dia o professor fez uma pergunta a um aluno do quarto ano sobre o assunto que ele havia explicado e como o rapaz não soube a resposta, o professor fez a mesma pergunta para Dandara que acertou a resposta mesmo estando no primeiro ano, nisso, o professor a obrigou a espancar a mão do colega com a palmatória, algo que a deixou muito constrangida.

Em casa à noite, sob a luz do candeeiro, Dandara estudava a cartilha do ABC e tentava aprender a escrever, Dona Maria lhe tomava algumas lições, dando uns puxões de orelha e acusando-a de ser incompetente, dizendo que Dandara jamais daria conta de aprender a ler e escrever. Embora, todos os dias antes de ir para a escola, Dandara relia a cartilha que continha o alfabeto e alguns textos, escrevendo algumas letras, até que aprendeu a juntar as sílabas e escrever o próprio nome.

O material escolar era carregado numa sacola plástica de supermercado, onde contava apenas da cartilha, um lápis, uma borracha de duas cores, um caderno pequeno e uma tabuada, todos comprados com algumas gorjetas da venda de frangos e ovos caipiras que eram reservadas para comprar o material escolar.

Para chegar até a escola, Dandara enfrentava a longa estrada de quase quatro quilômetros, com o tempo se acostumou a ir sozinha pelo caminho, quando terminava a aula, subia para a casa do padrinho/tio Jaime para passear, almoçar e passar um tempinho com as primas; acabava se atrasando para voltar para o recanto da Fazenda Folha Miúda, ao que Dona Maria ficava preocupada e ansiosa para Dandara retornar para casa.

Muitas vezes Dandara subia para a escola na companhia das primas Lili, Marlene e Lucinéia, mas outras vezes, quando se atrasava, elas seguiam adiante e o caminho ficava deserto, sem companhia até o prédio escolar.

No ambiente da sala de aula nem sempre Dandara se sentiu acolhida por todos os colegas, de modo que, por habitar o recanto da Fazenda Folha Miúda e não disponibilizar de roupas e calçados novos, seus trajes provocavam desprezo, chegando a tratarem Dandara com desdém, inclusive Jairo a chamava de Maria precata velha e os demais diziam que ela era Bicho do Mato.

O DIA A DIA NA ESCOLA PRIMÁRIA

As idas para a escola eram corriqueiras, Dandara acordava, tomava um banho frio, fazia o desjejum, usava seu vestido amarelo que quase não se trocava por falta de opção e pegava o caminho da escola.

Já se viu que era muito difícil arranjar dinheiro para comprar roupas, com o passar do tempo, o vestido amarelo de ir para a escola, de velho, rasgou-se na cintura, ficou polido e se esfarrapou, além de já estar muito borrado de tinta de caneta, pois quando a caneta das meninas derramava, elas passavam no vestido de Dandara por ser mais velho e surrado.

Contudo, Dandara sempre procurou ser uma boa aluna, estudava os textos para não errar a leitura na hora que a professora fosse lhe tomar a lição, não se levantava da cadeira a menos para sair no intervalo e fazia alguns desenhos, tomando os lápis de cores emprestados das colegas. Depois, ao devolvê-los, refazia as pontas, recontava para verificar se tinha os doze lápis e colocava de volta na caixa, repassando-os à colega. Como havia a aula de arte nas sextas-feiras, Dandara fazia sempre o mesmo processo, apresentando seus desenhos para a professora, que daria um visto valendo dez.

Além da palmatória, havia outras formas de o professor controlar a indisciplina, em muitos casos eram aplicados alguns castigos, como recostar o aluno em pé, virado para a parede, e em muitos casos era obrigado a ficar com os joelhos dobrados no chão ou em caroços de milho, ao tempo em que os demais colegas faziam chacotas e tiravam sarro do aluno que fosse submetido ao castigo.

Outras vezes, o professor dava puxões de orelha ou de cabelo e cascudos nos alunos caso não acertassem a lição ou errassem a sabatina da tabuada. Quanto a isso, Dandara sempre soube se comportar em sala de aula, chegando a nunca precisar se submeter a castigos, pois Dona Maria e a avó a aconselhava para buscar ser boa aluna, estudar e cuidar da obrigação sem se envolver em conversas paralelas que atrapalhasse o trabalho do professor.

Porém, como nunca ninguém está suscetível a nada, Dandara matou aula para ir com a Sandra Quely procurar uns cipós no mato para balançarem, ao que a professora aplicou um castigo, puxando-lhe o braço de forma muito agressiva e pondo-lhe ao pé da parede de braços abertos. Mas como Dona Maria nunca foi a favor de se castigar o aluno, fez um escarcéu e mandou um recado para a professora, dizendo que se acaso ela colocasse Dandara de castigo mais uma vez, haveria de se ter com ela para lhe arrancar os cabelos.

A SABATINA DE TABUADA

Dandara sempre foi muito cuidadosa com seus pertences, bem como costumava obedecer piamente a Dona Maria, pois sabia que ela tinha razão em lhe dar conselhos e orientações.

Mas certo dia no caminho da escola veio a perder o lápis, pois a sacola de plástico furou e o lápis caiu na estrada de areia tornando-se impossível de ser reencontrado, ao chegar a casa, Dona Maria deu por fé da falta do objeto e deu uma surra de chicote de fedegoso em Dandara, ameaçando colocá-la para fora de casa se acaso viesse a perder mais coisas, pois era muito difícil de adquirir novos materiais escolares, já que o dinheiro era de gorjetas.

Ademais, Dandara preocupava-se em ser uma boa aluna, se esforçava para ter assiduidade nas aulas, tirar boas notas nos exames, se comportar de forma satisfatória na sala de aula para agradar a Dona Maria e não precisar passar pelo vexame de seus corretivos. Pois na maioria das vezes, os castigos aplicados pela mesma deixavam Dandara constrangida, já que sabia que não merecia ser tão maltratada. Uma vez que sempre se esforçara para ser uma boa filha. Nisso, sentia-se feliz quando o professor, ao encontrar Dona Maria, fazia elogios e dizia que Dandara era uma boa aluna, estudiosa, assídua, participativa e não lhe dava trabalho na escola.

Em meio aos dias de aula normal, os professores realizavam a sabatina, onde todos os alunos estudavam a tabuada e alguns cálculos para, ao ser arguidos pelos colegas ou mesmo pelo próprio professor, saberem dar as respostas corretas, em caso de não acertarem, levavam bolos nas duas mãos com a palmatória, tanto por parte do colega que fez a pergunta, quanto pelo professor.

Certa vez, numa sabatina de multiplicação da casa dos oitos, o professor perguntou a um dos meninos quanto daria oito vezes oito, ao que ele não soube responder e a mesma pergunta foi feita para Dandara, que respondeu que daria sessenta e quatro, tendo que espancar as mãos do colega com a palmatória, caso contrário seria ela quem levaria bolo.

Mas, como na vida nem tudo vai tão bem que não possa dar errado, no segundo ano do ensino fundamental, Dandara foi reprovada. Então, tudo começou a se despencar e os conteúdos já não eram os mesmos, de tal forma que ela não conseguia acompanhar, sentindo também que a didática do professor não era satisfatória e que o resultado do trabalho do mesmo não lhe atingia.

Além da frustração das expectativas, Dandara teve que ouvir o discurso de Dona Maria, que afirmava que Dandara jamais chegaria a lugar nenhum com seus estudos, pois era uma fracassada.

Assim, o entusiasmo pelos estudos foi se desfazendo, tanto que no próximo ano não se interessou de renovar a matrícula para refazer a série perdida, além de ter que se submeter a um tratamento fitoterápico proposto por uma senhora Curandeira.

De sorte que a avó e a tia frequentavam o terreiro desta curandeira na cidade, conduzindo Dandara e Dona Maria para também seguirem as orientações do suposto tratamento, de tal forma que Dandara passou por um processo cirúrgico, feito por meio de espíritos não se sabe como.

Naquilo, Dandara chegou a ficar prostrada numa cama com enxovais brancos, usando uma mortalha por sete dias, sendo, portanto, proibida de frequentar a escola, ao que lhe causou um grande atraso nos estudos.

    No ano seguinte, Dandara entendeu que aquilo tudo não passava de uma marmota e que ela precisava continuar os estudos, pois tinha um sonho a ser cumprido e precisava persegui-lo. Ademais, via suas primas se adiantando, passando de séries e sentia-se na condição de não parar no tempo.

    Tomou então a decisão de se matricular na mesma série em que perdera há dois anos e dar continuidade aos estudos. Retomando para a sala de aula, agora com mais garra e força de vontade, voltou a ser a aluna aplicada, participava ativamente das aulas, estudava os conteúdos em casa e nos exames tirava notas boas, até que se aprovou para cursar a terceira série do ensino fundamental.

    Nesse diapasão, estudar foi sempre muito difícil para Dandara, que além da distância de casa para a escola, enfrentava uma longa estrada de areia geralmente nos fins de tarde ao retornar da escola para casa, onde passava sozinha, com a noite já turvando, se deparava no caminho com animais raivosos que a deixavam assustada. Ademais, as pessoas diziam que por ali passavam cachorro louco, onça pintada, assombração e lobisomem, ao que Dandara ficava apavorada e corria o tempo todo olhando para os lados da estrada e para trás.

    Certa vez, se deparou com uma pareia de boi que passava de olhos vedados com um pedaço de couro e ficou com tanto medo que suas pernas se acabaram, seu corpo todo começou a tremer, tanto que correu para dentro do mato apavorada e tentando passar apressadamente no arame farpado, ferindo-se toda.

    Porém, nenhum dos desafios enfrentados por Dandara foram suficientes para tirar-lhe a pérola da vontade de vencer, no que tange ao seu interesse em concluir as séries iniciais do ensino fundamental e se mudar para a cidade, a fim de dar continuidade aos estudos no ginásio, realizar os estágios e se formar para professora.

Tanto que todas as noites, antes de ir dormir, se debruçava à beira da mesa sob a luz do candeeiro, estudando, resolvendo cálculos de matemática, revisando os conteúdos, as leituras, produzindo textos e resolvendo atividades de forma que a fumaça do óleo diesel que vinha do candeeiro lhe ardia os olhos e causava náuseas.

A CURANDEIRA

O mundo é repleto de inúmeras crenças, mas o fato de crermos apenas em um único Deus que é a força maior do universo, não redime uma pessoa a seguir seus passos sem desviar o caminho que leva à salvação.

Nesse ínterim, existem também diversas formas de manifestação da fé e uma delas é a prática do curandeirismo. Nessa perspectiva, aconteceu que a avó de Dandara, conduzida pela filha, começou a frequentar o terreiro de uma curandeira moradora na Rua da Cachoeira, da cidade de Riacho de Santana, onde iniciaram um tratamento espiritual com esta senhora.

Contudo, a avó convenceu Dona Maria e Dandara para também seguirem ao tratamento terapêutico e espiritual no mesmo terreiro, ao que tudo era muito estranho e não havia característica nenhuma de que possuía conhecimento científico, muito menos de que pudesse haver fundamento do qual fosse capaz de produzir algum resultado.

De tal modo que a curandeira e seus caboclos, que eram seus filhos, faziam orações rodando a pessoa como se estivesse fazendo uma seção de descarrego, ao que na verdade não passavam de charlatões.

Dandara chegou a frequentar este espaço, na companhia da avó e da tia e pôde observar o ambiente, onde continham algumas camas com pessoas que se diziam operadas pelos espíritos, aguardando receberem alta para retornarem às suas casas.

O ambiente era insalubre, macabro, de forma que os visitantes faziam suas necessidades fisiológicas ali mesmo, e quem fosse ao fundo da casa, avistava vultos de pessoas como espíritos rondando o ambiente.

Mas, para Dandara, tudo era muito curioso, pois nunca havia ido à cidade e aquela seria uma oportunidade para conhecer as coisas de que sempre ouviu falar que havia no espaço urbano.

Dessa forma, Dandara ficou encantada com a quantidade de casas, os moradores, os postes de luz, o ônibus e diversos tipos de carro trafegando nas ruas de Riacho de Santana, num movimento de vai e vem em tão pouco espaço de tempo. As pessoas usando roupas novas no dia a dia e as luzes que a noite iluminavam a cidade, deixavam Dandara perplexa. Assim, tudo aquilo era novidade, além da televisão, que passava as imagens das quais Dandara ficava olhando, observando e questionando curiosa para aonde iriam aquelas pessoas? Por que eram tão pequenas? Como caberiam naquele caixote tão pequeno?

No primeiro dia de visita ao terreiro da curandeira, Dandara ficou assustada.

Já pelas tantas da madrugada, a dita cuja, juntamente com seus caboclos e o chefe que recebia os espíritos, iniciaram suas orações, fazendo escarcéus com gritos e choros, logo a curandeira se aproximou de Dandara, deitando-lhe ao chão e passando os dedos em seu corpo. Batia os dedos um no outro fazendo estalos, proferindo palavras estranhas e usando uma linguagem irreconhecível.

Posteriormente, passou a falar num tom de voz grossa, dando a entender que quem falava era um espírito, a voz dizia que Dandara precisava ficar internada naquele ambiente para passar a noite com eles, que ela sofria de um problema no coração, possuía insuficiência renal, bem como havia um espírito mal rondando sua vida.

Dandara, que já estava em pânico, foi obrigada a permanecer no ambiente por toda a noite, a tia voltou para a casa deixando ela e a avó, ao que a curandeira, uma senhora de pele escura, cabelos ao vento, tomou Dandara pelo braço atirando-a brutalmente numa cama desconfortável que continha apenas um colchão de palha, pedindo-a para que ficasse quieta. Aquilo lhe deixou com o coração apertado, de modo que a noite custou a passar.

Não obstante, Dandara passou a noite em claro, a curandeira ficou ao lado da cama, onde estava a avó fazendo umas orações. Enquanto isso, sozinha, Dandara se encontrava rezando, pedindo perdão a Deus, pois acreditava que estando ali, estaria entregando sua alma ao capeta.

Naquilo, os tais caboclos a olhavam com cara de réu, ao que ela intensificava as orações em silêncio, fazia a oração do Creio em Deus Pai, rezou o Pai Nosso diversas vezes, umas duzentas Ave-Marias e nada do dia amanhecer, as horas pareciam não passar e o coração de Dandara se sufocava, sentindo o cheiro das velas ardendo e do incenso que era queimado no terreiro.

Por ali, os caboclos ficavam rondando, fazendo orações e proferindo palavras estranhas, apresentavam vozes de choro, usavam vestes brancas com um cordão de São Francisco na cintura e um turbante branco na cabeça.

Eram agressivos, de modo que se alguém os encarasse eles bateriam a cabeça da pessoa contra a parede com uma força brutal.

Enfim o dia vinha clareando, o sol parecia purificar a alma de Dandara, que depois de enfrentar aquela noite infernal, ela e a avó estariam livres para ir embora e tudo voltaria ao normal.

Ao amanhecer, a curandeira se aproximou da cama onde estava Dandara, ordenando-a que se levantasse, tomando uma caneta; num pedaço de papel escreveu umas recomendações para que Dandara fizesse uso.

Nos escritos estava a indicação para tomar chá de fezes de ovelha, banho de raiz de candimba, beber ovo cru com mel de abelha, e ponderou que Dandara precisaria passar por um procedimento cirúrgico do qual ficaria nove dias deitada, numa cama com os enxovais todos brancos, vestida numa longa mortalha branca e não prender o cabelo, além de nunca mais voltar a frequentar a escola.

Tal procedimento atrasou os estudos de Dandara que, conforme já mencionado, fora reprovada no segundo ano do ensino fundamental, agora estava submetida a não retomar os estudos. Ainda durante os dias de prostração não se sabe para quê, seu cabelo se embaraçou de tal maneira que precisou cortá-lo tão curto como nunca dantes o havia deixado.

O corpo se cansou do leito, onde lhe causava dores, foi recomendada a não receber visitas e seus pés ficaram edemaciados devido à falta de circulação.

Tendo passado esta moléstia, Dandara quis correr atrás do prejuízo e procurou se matricular para dar continuidade aos estudos, embora tivesse que refazer a série em que foi reprovada, jurou que jamais retornaria ao terreiro da amaldiçoada curandeira, muito menos se submeteria a tamanha idiotice de seguir com o suposto tratamento.

O JOGO DE BALEADO

Ao retornar à escola, após a reprovação do segundo ano do ensino fundamental e um ano de moléstia induzida pela curandeira, Dandara precisou se reconstituir, pois muitas informações foram perdidas e precisaria reaprender muitos conteúdos para conseguir dar prosseguimento aos estudos.

Precisava ainda se readaptar ao ambiente escolar que já não era mais tão atraente e havia novos colegas dos quais teria que tentar uma aproximação que lhe fosse suficiente para se sentir bem acolhida em sua nova realidade.

Assim, foi se acostumando aos poucos, ficava feliz com o momento do intervalo onde era servida a merenda que era feita na casa da vizinha e levada para a escola pelos próprios alunos, onde Dandara fora com outras meninas buscar o caldeirão de merenda na casa da Tetê por diversas vezes. Um copo era levado de casa para a escola, a fim de pegar a fila da merenda e ser servida sem direito a repetir.

Na estrada que dava para a casa do tio/padrinho, as meninas jogavam baleado, no intervalo, com uma bola feita de meia e retalhos de tecidos, os meninos jogavam futebol na areia com a mesma bola que era disputada entre meninos e meninas para saber quem a usaria.

Nesse diapasão, Dandara também se divertia, dando gritos e gargalhadas de forma que achava tudo muito divertido e harmonioso, pois era respeitada pelos colegas e era considerada uma das melhores alunas pelo professor Paulo.

Chegado o mês de junho, iniciavam-se os ensaios da quadrilha para a realização da festa de São João da escola, onde meninos e meninas dançavam o forró em pares, e depois da realização da quadrilha, dançavam o arrasta-pé entre os colegas e demais membros da comunidade extraescolar.

Todos escolhiam seus pares para dançar os paços da quadrilha conforme suas afeições e se organizavam para prepararem a canjica em que seria compartilhada no dia da festa.

Porém, Dandara não sabia dançar, nem levava jeito para isso, na hora do arrasta-pé, fazia movimentos desengonçados para frente e para trás, mas não tinha molejo nenhum. Tal que, quando alguém lhe convidava para dançar, aceitava apenas para não lhe fazer desfeita, de forma que arrastava um pé no chão, depois o outro, movimentando os quadris para cima e sacudindo-os ligeiramente para o lado.

NOITES DE LUA CHEIA

Dandara observava os contos de assombração que a avó e os vizinhos mais velhos relatavam, muitas vezes acreditava nas histórias do lobisomem e da mula-sem-cabeça, além de ler nos livros as histórias do Saci, admirando as imagens deste personagem fictício.

Assim, no decorrer do cotidiano, continuava a lutar pelos seus objetivos, em busca de um dia poder continuar os estudos na cidade.

Assim, nas noites em que a avó estivera na cidade na casa da tia, a pequena Dandara ficava na companhia de Dona Maria, juntamente com alguma das primas e em falta destas, teria que enfrentar a escuridão das longas noites que caía no recanto da Fazenda Folha Miúda, naquilo, seu coração se sufocava ao lembrar-se dos casos de assombração, sentindo medo de que pudesse aparecer o Saci.

Certa vez, numa noite de lua cheia, Dandara mal conseguiu se deitar para dormir e passou a ouvir uns ruídos como se de algum animal sentindo dores. Naquilo, despertou Dona Maria do sono para que lhe fizesse companhia, imaginava que o lobisomem estivesse rondando a casa. Ao que todo o barulho não passava de um jumento que espojava e dava gemidos no terreiro da frente da casa grande, onde estavam a sós Dandara e Dona Maria, que também teve muito medo.

Nesse ínterim, Dandara começou a rezar na intenção de afastar o suposto lobisomem, mas de tanta aflição, jamais concluía suas orações, ficando incrédula, de modo que suas pernas ficavam trêmulas, o corpo todo sentia tremores e as forças se acabavam.

Todo o sufoco durou até a meia noite, quando o jumentinho urrou dando o sinal da madrugada, daí Dandara e Dona Maria entenderam que os ruídos eram do jumento e que de fato, o lobisomem não passava de uma invenção.

PÉROLAS DOS OBJETIVOS, SONHOS E PLANOS

Durante o tempo em que permaneceu no recanto da Fazenda Folha Miúda, Dandara vivia cheia de planos, queria muito continuar os estudos, mas a única opção para depois que terminasse o quarto ano do ensino fundamental seria se matricular no colégio Crispin Alves dos Santos, da comunidade de Mata, onde seguiria até o oitavo ano e, posteriormente, se mudaria para a cidade a fim de cursar os três últimos anos do magistério.

Sempre que se disponibilizava de algum dinheiro, pedia a avó para comprar algumas peças de roupas, alpercatas, caderno, caneta e demais materiais escolares. No mais, continuava a auxiliar Dona Maria nos serviços domésticos e na roça, cuidava dos animais de criação e também criava porcos.

A leitoa que havia ganhado de presente pela madrinha foi vendida, com uma parte do dinheiro que já tinha disponível, adquiriu uma bezerra.

Nisso, havia a intenção de que lhe rendesse uma boa quantidade de cabeças de gado, de sorte que, ao vendê-los, inteiraria o dinheiro de Dona Maria e da avó para comprar a tão sonhada casa na cidade, o que daria continuidade aos seus estudos.

Nesse sentido, Dandara ajudava a cuidar do gado, sempre imaginando a quantidade de dinheiro que renderia o rebanho do qual lhe possibilitasse adentrar ao ginásio de estudos para concluir a formação, e tornar professora como sempre quis.

A MUDANÇA PARA A CIDADE

Pelo bem ou pelo mal, em boa ou má hora, Dandara não concluiu o quarto ano do ensino fundamental na escola José Rodrigues da Costa, da comunidade de Santaninha, pois a eventual mudança para a cidade ocorreu de súbito. Pois no meio do ano de mil novecentos e noventa e cinco, data em que a tia foi a São Paulo em busca de um suposto tratamento, a avó combinou com o tio para se mudar do recanto da Fazenda Folha Miúda para a cidade.

Naquilo, Dandara ainda se encontrava na terceira unidade da quarta série. Assim, a avó conseguiu uma casa emprestada por uma amiga, que ficava situada na Rua Udorico Carvalho Gondim, no bairro Belém.

Nesse meio tempo, Dona Maria e Dandara, que haviam estado na casa grande, receberam inesperadamente a visita do tio e dos primos que, de imediato, apanharam os pertences da avó, de Dona Maria e de Dandara, correndo atrás das galinhas para apanhá-las e levá-las para a casa da tia/madrinha na Santaninha.

Naquele episódio, Dandara ficara num misto de felicidade por haver chegado o momento de deixar o recanto e habitar a cidade, e insegurança, além da insatisfação por não ter tido tempo de se despedir da professora Fábia e dos colegas, vizinhos e amigos, a quem conviveu durante todos os anos em que habitava o recanto da Fazenda Folha Miúda.

Assim, a viagem repentina, sem nenhuma programação, foi feita em direção à cidade de Riacho de Santana, para onde Dona Maria, Dandara e a avó viveriam sabe lá Deus como. Nessa sequência, as três deixaram a casa grande, e com o coração apertado, chegaram à cidade, de modo que o carro com a mudança estacionou em frente à casa de uma senhora que havia se mudado para São Paulo na companhia de sua filha recém-casada, deixando a casa disponível para ser ocupada pela avó de Dandara.

Aquela seria a nova morada de Dandara até que se conseguisse uma forma de vender o gado para só então poder estar de posse do dinheiro para comprar a tão sonhada casa na cidade, algo que não seria tão simples, já que encontrar uma casa que coubesse no orçamento do valor do gado seria quase impossível, visto que, como o rebanho era criado na meia com o tio/padrinho e seu filho mais velho, certamente que para Dona Maria, Dandara e a avó o dinheiro ficaria bem pouco.

De fato, o gado foi vendido e o dinheiro foi repartido entre seus donos, tocando a maior parte para Dona Maria, algo que culminou na compra de uma casa deteriorada que precisava de uma boa reforma. Além de ser muito desconfortável, na casa não havia água encanada, nem luz elétrica, mas ali passaram a morar após terem vivido dois anos na casa arranjada pela senhora Vitalina.

Estando na cidade, Dandara queria dar continuidade aos estudos, pois teria que realizar seu sonho, procurou junto com a avó uma escola para se matricular e poder concluir o quarto ano do ensino fundamental. Assim, se ingressou na Escola Municipalizada Professor Maninho como aluna assistente, cuja vaga foi cedida pela então diretora, Dona Filomena Gondim, mas teria que apresentar as notas adquiridas na escola da

Santaninha e se revelar uma excelente aluna, algo que não foi difícil para Dandara que já possuía um bom histórico escolar.

Aqueles anos se constituíram de um tempo muito difícil, Dandara sentiu dificuldade para se adaptar ao novo ambiente, pois era tratada com desprezo pelos colegas por ser oriunda da zona rural e não se vestir bem, seus trajes eram macabros e ela não disponibilizava de uniforme escolar adequado, andava despenteada e falava um linguajar campesino, era muito retraída, vivia chorando pelos cantos da escola, sentia saudades da roça, da escola José Rodrigues Costa e dos colegas costumeiros.

A casa recém comprada passou por uns pequenos reparos, onde Dandara precisou se juntar com outras pessoas para lavarem as telhas, o madeiramento estragado por cupins fora retocado, foi reinstalada a água e a luz, mas o viver era muito difícil, não havia móveis, nem eletrodomésticos.

Porém, para Dandara, ali sempre foi o melhor lugar do mundo, pois habitava seu próprio teto, de qualquer maneira, foi a realização do seu sonho, o de adquirir uma casa na cidade, onde pudesse dar continuidade aos estudos e se formar para professora.

Novas amizades começaram a ser feitas por Dandara que, além de se aproximar das vizinhas, também começou a frequentar a Igreja Matriz e a Capela do Bairro Belém. Dandara logo fez amizades com algumas meninas da cidade, era amiga dos primos e de um grupinho de meninas que por ali se reuniam para brincar, dentre tantas estavam Talita, Marla, Denize, Deize, Daniela, Rita e Priscila.

Dandara começou a participar dos movimentos religiosos, como oração em família, cultos, e diversas atividades religiosas. Também ajudava a rezar, participava dos encontros, das missas, da Renovação Carismática, ingressou-se no curso de preparação para a crisma e participou como militante do Grupo de Jovens "Juventude em Embalo", cujo grupo entrou para a história, foi nesta organização que Dandara entendeu o significado da palavra de Deus, passando a ler e refletir a Bíblia Sagrada, vivenciando o Evangelho de Jesus Cristo constantemente.

No grupo de jovens, Dandara louvava a Deus de forma muito feliz e apoiava as ações de caridade, participando das campanhas como o pedágio na Avenida Tiradentes para ajudar as pessoas necessitadas a comprarem medicamentos, e arrecadavam alimentos para doarem cestas básicas.

Havia ainda o Teatro Aldo Lucchetta, onde juntamente com os demais participantes, Dandara se caracterizava de personagens bíblicos e representava a Paixão, Morte e Ressurreição de Jesus Cristo, através da Via-Sacra ao vivo nas ruas de Riacho de Santana, nas zonas rurais do município e nas cidades vizinhas.

Assim, observa-se que participar do grupo de jovens era uma questão de honra, havia alguns encontros com o padre Aldo, que orientava os jovens acerca da palavra de Deus, do comportamento na sociedade e da importância da participação na igreja.

Ainda, a época de ouro do "Juventude em Embalo" se deu no tempo em que o Ricardo Guimarães era presidente, onde todos os jovens participavam ativamente da Pastoral da Juventude. Juntos, faziam encontros das comunidades rurais, participavam das Assembleias no Centro de Treinamento de Lideres (CTL), faziam caravanas para visitar outros grupos de jovens, ao que Dandara era assídua e participativa.

O SACRAMENTO DA CRISMA

No dia trinta e um de maio de mil novecentos e noventa e oito, quando já se faziam três meses da morte do Padre Aido, aconteciam os festejos da Padroeira Nossa Senhora da Glória da cidade de Riacho de Santana. Nesta data, aconteceu numa tarde de muito sol e calor, a missa do Crisma, onde Dandara recebeu o sacramento da unção do óleo Crisma com entusiasmo e fé.

O referido sacramento foi realizado pelo então Bispo Dom Alberto Resende, da diocese de Caetité, e por escolha muito acertada, Dandara teve como madrinha de Crisma a senhora Gelcina, a qual Dandara lhe tem muita consideração.

Foi então a partir do sacramento da Crisma que Dandara confirmou seu batismo e seguiu com fervor o chamado à missão de evangelizar, sendo leiga na igreja, auxiliava na liturgia dominical, realizava programas catequéticos na Rádio Nossa Senhora de Guadalupe e apoiava o movimento do Centro de Pastoral Paroquial. Eram feitas diversas visitas às Comunidades Eclesiais de Base, fortalecendo o movimento comunitário e pregando fé e vida.

Dandara ingressou como membro da Pastoral da Juventude, depois como vice-presidente, realizando ações de caridade, eventos juvenis que despertavam a fé e o axé da juventude riachense, tanto na zona rural quanto na sede do município.

Além de evangelizar as pessoas, também eram feitos esclarecimentos diversos a respeito da saúde e bem-estar da juventude, das questões políticas, da educação, do trabalho e da relação com o solo, a agricultura para a produção, a criação de animais de pequeno e grande porte. Tais orientações se davam na tentativa da construção do saber, na formação corpo, mente e espírito do jovem riachense.

O COLÉGIO ESTADUAL SINÉSIO COSTA

Enfim, Dandara é premiada com a pérola da realização do grande sonho de frequentar o ginásio, dessa vez, ingressa-se no quinto ano do ensino médio, no então Colégio Estadual Democrático, que na época estava sob a Direção do professor Alan Vieira.

Ressalva-se que, posteriormente, houve a transição da gestão, passando o pleito a ser assumido pelo professor Gilson Carlos, período em que aconteceu uma grande reforma na escola que também recebeu uma nova nomenclatura, passando a ser Colégio Estadual Sinésio Costa.

Assim, a única preocupação de Dandara era estudar bastante para ser aprovada nas unidades escolares e não reprovar em nenhuma série, de modo que logo pudesse se formar para professora.

Contudo, o fato de estar no ginásio gerava gastos, inclusive os textos xerocados eram pagos; na época, cada estudante colaborava com um real mensalmente para se obter sua xerox, cuja situação ficou delicada, pois em muitos casos, Dandara não possuía nenhum dinheiro para arcar com tais despesas. Bem como precisava de uniforme escolar, e os materiais careciam de novos adereços como régua, esquadro, transferidor, compasso, caderno de desenho e arte entre outros.

A situação ficou insuportável, Dandara chegou a ouvir de uma professora algo que lhe deixou constrangida, a qual exclamou: "se a sua mãe não tiver condições de lhe manter na escola, ela tem que se aquietar com estudo para você e parar de sonhar alto", além dessa, Dandara passou por muitas humilhações no tempo de escola, era criticada pelos colegas, os quais a faziam chorar, de início, puxavam-lhe o cabelo, davam-lhe cascudos, praticavam bullying por Dandara ter um linguajar chula com sotaque de caipira e por não possuir caligrafia.

A partir do sétimo ano, Dandara passou a estudar no período noturno. Por diversas vezes enfrentou o frio, a chuva e em alguns casos, a energia faltava, então enfrentava o caminho de volta para casa no escuro.

Mas Dandara jamais se desanimou, se esforçava para ser boa aluna, pois sempre sonhou em se formar para professora, e por enquanto, tudo se encaminhava bem, logo se vestiria a tão sonhada beca de formatura e participaria da missa e colação de grau, quem sabe até participaria do Baile Gala, para tanto, não poderia perder tempo.

No ensino fundamental, Dandara se deparou com excelentes professores como Alailson Boa Sorte (saudoso Lalaba), Alany, Vieira, Dona Rita, Dona Nilvinha, Dona Laura, Dona Glória de Alcidinho, Alzany Vieira dona Cilene, Cristina Castro, Sandra Castro, Vânia, Dona Elízia, Norma, Dona Maria Madalena, Aparecida Brasileiro (Cidinha), Norivalda Lopes (Doda) Adailde Farias, Rosemeire Marques, Madalena, Arlinda, José Rocha, Dona Lúcia, Marilene Louzada, Tatiana, Cenilda, Dona Letícia, Neiva, Francisco Azevedo, Fátima Martins, Alan Vieira e Elenilza, cujos mestres incentivavam Dandara na luta em busca de seus ideais, valorizando seus trabalhos, orientando-a na longa jornada estudantil.

Assim, Dandara seguiu firme até alcançar o grande objetivo, vencendo os diversos obstáculos implicados durante o processo da grande batalha.

Durante todo esse percurso, Dandara fez amizades entre os colegas, conquistava os docentes pelo bom comportamento, assiduidade, de forma que suas opiniões eram respeitadas, acatadas pela direção e funcionários da escola.

Aqueles foram tempos dourados, havia torneios de futebol entre as turmas, eram formadas as torcidas organizadas para estarem na quadra do colégio, aplaudindo os meninos, com palavras de apoio, Dandara se juntava às demais para animarem e torcerem pelos meninos de sua turma.

Além disso, a escola realizava a festa de São João, apresentando a quadrilha junina que era disputada entre as turmas. Como também, eram montadas barracas para quermesses, havia bandas musicais a realizarem shows.

Observa-se que, para Dandara, tudo isso se constituía de uma grande realização, pois sendo oriunda de uma localidade rural, onde aquela festividade não acontecia com tamanho entusiasmo e participação, se sentia realizada por poder estar participando, estando à frente da organização.

Para além da sala de aula, Dandara também participava das gincanas da escola e dos trabalhos extraclasse, era aplaudida por quem assistia suas apresentações, chegou a ser líder de turma. Nisso, era sempre solícita para apresentar peças teatrais no pátio da escola, principalmente em dias festivos como em comemoração ao Dia das Mães, Dia dos Pais, entre outros, também cantava em noites de paródia promovidas pela escola, apresentava coreografias, recitava poesias nas noites de recital, participava de grupos de dança e do Grêmio Estudantil.

As apresentações de seminário eram o forte de Dandara, já que no quinto ano, a saudosa professora Laura a incentivou, dizendo que ela possuía boa dicção, compreensão e ótima explanação dos conteúdos, inclusive mencionou sobre

Dandara e seus seminários em outra escola onde também ensinava. Aquele gesto deixara Dandara animada e sempre se dedicava muito ao apresentar seus trabalhos, pesquisava, lia e estudava para adquirir uma bagagem satisfatória para transmitir aos mestres e colegas.

Contudo, Dandara nem sempre se saia bem ao realizar as avaliações, se confundia invertendo as respostas, de modo que, raramente tirava a nota máxima nas provas.

Além disso, era muito dispersa e não dominava os conteúdos de matemática, química e física de forma satisfatória, se dando melhor com as disciplinas de humanas. Cuja metodologia das professoras Cida e Norivalda a incentivou na busca pela ampliação de sua bagagem intelectual, se inserindo no mundo da filosofia, da história e da sociologia, pois lhe eram abertas oportunidades de levantar hipóteses, refutar e criticar, além de incitar a retórica e oratória.

DANDARA E O MERCADO DE TRABALHO

Em Riacho de Santana, a única empresa que arca com a empregabilidade é a Prefeitura Municipal, portanto, nem todos os munícipes possuem um emprego formal.

Após concluir o oitavo ano do ensino fundamental no período noturno, Dandara iniciou o primeiro ano do ensino médio no período vespertino.

O fato de poder estudar se constituía de uma dádiva Divina, mas tudo era muito difícil, pois Dona Maria não dispunha de condições financeiras suficientes para manter Dandara na escola e em seus estudos. Como não possuía salário, nem renda nenhuma além da ajuda da avó, muitas vezes lhe faltava dinheiro para comprar o uniforme escolar, as apostilas, digitar os trabalhos, comprar cartolina e outros materiais, pagar pelas provas e fazer impressões digitais.

Assim sendo, Dandara precisou procurar formas de se manter nos estudos, já que o dinheiro da aposentadoria da avó mal dava para manter as despesas da casa.

Para tanto, Dandara encontrou algumas casas de família, onde realizava alguns trabalhos domésticos, ganhando um valor irrisório ao mês para atuar em diversas atividades.

Com esse dinheiro, mal podia comprar alguns objetos de uso pessoal, como escova e creme dental, sabonete e shampoo de baixo custo, nesse caso, o material escolar ficava incompleto.

Entretanto, nada disso era motivo de empecilho para Dandara continuar seus estudos, tanto que todos os dias frequentava a Biblioteca Municipal para estudar, pesquisar na Enciclopédia, consultar o Almanaque Abril e ler romances, pois naquela época era surreal poder comprar livros.

É sabido que a felicidade sempre advém de algum motivo, e isso traz à pessoa muita alegria, sendo assim, isso explica o porquê de Dandara ser uma pessoa que demonstrara tamanha alegria, pois o fato de poder estudar deixava-a motivada e a cada dia queria aprender mais, poder se formar para professora, se profissionalizar para vencer na vida, além de poder proporcionar um lar mais confortável para Dona Maria.

Diante de todas as dificuldades, Dandara jamais perdeu a esperança e se acostumava com os desafios, às vezes contornando os obstáculos como um rio que corre na direção de seus ideais, mas como já dizia o filósofo Heráclito de Éfeso[1]: "Nenhum homem se banha duas vezes no mesmo rio, pois da segunda vez nem o rio será o mesmo, nem tampouco o homem". Assim também Dandara ia adquirindo novas experiências, diversos conhecimentos e construindo aos poucos sua bagagem intelectual num constante processo de evolução.

No entanto, o mercado de trabalho sempre esteve fechado para Dandara, tal que para realizar a observação, o pré-estágio e o estágio supervisionado, Dandara recorreu a várias formas de ganhar dinheiro para arcar com as despesas que pendiam durante todo o processo e a conclusão.

Dentre tantas atividades, dedicou-se a pegar algumas encomendas de bordados de ponto cruz, vender bilhetes de festas, atuar como representante do Clube dos Amigos da Rádio Guadalupe e revender cosméticos. Assim, foi dado mais um passo na busca de seus objetivos.

---
[1] Filósofo grego que nasceu na cidade de Éfeso, por volta de 250 a.C., antiga colônia grega, região da Jônia na Ásia Menor atual Turquia.

As professoras Fasinha, Delma e Leninha marcaram a trajetória de observação, pré-estágio e estágio, bem como a professora Dona Dulce, coordenadora de estágios, sempre acreditou em Dandara e lhe incentivou a crescer.

Enfim, para a realização da formatura era preciso dispor de dinheiro para alguns gastos, mas Dandara se encontrava preparada e disposta a passar por toda e qualquer dificuldade para conquistar seu sonho de se vestir de beca, participar da missa de formatura e colar grau.

Dessa forma, foram feitas algumas campanhas junto à turma para arrecadação de recursos para serem investidos na formatura, havia quermesses de São João, livro de ouro, rifas, sorteios de prêmios e pedágios.

Naquilo, Dandara sempre estava apoiando e participando a fim de poder contar com o dinheiro para as despesas gerais.

Mediante a sua atuação como estudante e empenho nas atividades para as arrecadações, Dandara foi convidada por Dona Dulce a participar da comissão organizadora da formatura, sendo também tesoureira da turma, responsável de receber o dinheiro das becas, dos convites e do baile dos colegas.

Muito embora não tenha conseguido dinheiro o suficiente para ter condições de participar do baile de formatura, Dandara se deu por satisfeita por poder participar da missa de formatura, da colação de grau e da festa de conclusão, já que tudo aquilo se consumava na realização de seu grande sonho, o qual pendeu muitos anos de lutas, dificuldades, desafios e frustrações.

O PROGRAMA DE ACELERAÇÃO

Após ter se formado para o magistério, Dandara quis se preparar mais, para quem sabe um dia poder cursar o ensino superior. Como não possuía condições para pagar um cursinho pré-vestibular, ingressou no curso de Aceleração do ensino médio, na modalidade Educação de Jovens e Adultos, no então Colégio Educandário Nossa Senhora da Glória.

As aulas eram ministradas no período noturno, como a escola ficava mais afastada da cidade, Dandara passava por um carreiro dentro de uma roça, em meio a um matagal e cercas de arames a atravessar no escuro. Muitas vezes o medo lhe causava pavor, além disso, quando chovia, a lama era mais um desafio a ser enfrentado, mas era preciso se esforçar para se sair vencedora no final de toda essa batalha.

Não obstante, a intenção de Dandara era dar continuidade aos estudos, se preparar para o mercado de trabalho, de forma que o aprendizado fosse suficiente para se ingressar numa vaga de emprego, se por ventura aparecesse.

Nisso, tentou sem sucesso o primeiro vestibular, mas não se sentiu fracassada, ao contrário, sentia-se satisfeita por estar lutando pelos seus ideais, a cada passo aumentava ainda mais a vontade de crescer.

Destarte que, se encantava com as aulas de Português da professora Dona Dilza, que lhe proporcionou novas habilidades na parte de ortografia e morfologia, como também se sentiu realizada por conseguir acompanhar com sucesso as aulas de Física, Química, ministradas pelo professor Davi Moura, também se encantou com as aulas de Filosofia da professora Meire, onde estudava sobre Aristóteles, Sócrates, Platão e os Sofistas.

Bem como se identificou com a matemática, aprendendo a gostar da disciplina, através das aulas da professora Clarice Rodrigues, ainda contou com as aulas de História, Geografia e Biologia dos professores Cléberson Guimarães, Dona Irene e Amélia Barbosa, tendo esta realizado um trabalho com a turma tratando do Projeto Fome Zero do então Governo Federal. De modo que a culminância desse projeto se deu na arrecadação de alimentos e exposição de cartazes com explanação do conteúdo no pátio da escola e visita às famílias carentes da Comunidade das Pedrinhas para a distribuição dos alimentos.

Consequentemente, Dandara tenta pela segunda vez o vestibular da Universidade Estadual da Bahia, mas novamente não contou com a aprovação.

Tudo que Dandara mais queria naquele momento era fazer uma faculdade, no início tentava História, Geografia, Letras, mas por falta de conhecimentos necessários e um pouco de sorte, não se aprovava nos vestibulares.

Como sempre, Dandara participava dos eventos promovidos pelo colégio, organizava feira de ciências juntamente com a direção, colegas e professores, e participava de projetos, além de colaborar com a gestão, apresentando sugestões para o bom desempenho da escola.

Ademais, além das diversas tentativas frustradas na realização dos vestibulares, Dandara também realizou vários concursos municipais, estaduais e federais, mas não conseguia se classificar em nenhuma deles. Mas chegou a concluir o curso de aceleração do ensino médio que se deu em três anos, onde também participou da missa de formatura e colação de grau, chegando a ser oradora oficial da turma, onde apresentou bela oratória.

O CURSO TÉCNICO EM ENFERMAGEM

Por entender que precisava ingressar no mercado de trabalho, Dandara decidiu fazer um Curso Técnico, já que uma formação superior parecia ser algo impossível. Assim sendo, no ano dois mil e cinco, se engajou no Curso de Técnico em Enfermagem da Escola José de Anchieta, para se profissionalizar.

Mas o curso era particular e naquele momento Dandara disponibilizava somente do dinheiro da matrícula. Quanto às mensalidades, daria qualquer jeito de conseguir recursos para seguir adiante.

Assim, mergulhou com a cara e a coragem, inicialmente prestou serviços domésticos em casas de família, posteriormente passou a ser manicure atendendo em domicílio, chegava a passar o dia inteiro fora de casa, a noite frequentava as aulas, e ao chegar a casa estudava até a meia-noite, se preparando para as avaliações, atividades e os trabalhos.

Contudo, Dandara será sempre grata à Jumária Castro e Jussara Castro que facilitaram a manutenção do curso para que ela pudesse seguir adiante. Nessa dinâmica, Dandara contou com os profissionais de saúde que ministraram as disciplinas do curso como Blície, Luciene Miranda, Juliana, Vânia Dark, Beatriz, Kennia e Dr. Domingos, que dedicaram esforços para o bom desempenho de todos.

Como sempre, Dandara se esforçou para ser boa aluna, se sair bem nos exames, nas avaliações e no aprendizado, bem como tornar-se uma profissional de saúde qualificada.

Nas aulas práticas era assídua e participativa, tanto que tomou gosto pela área de saúde, principalmente no que se trata dos cuidados com o paciente e a ética profissional.

Consequentemente, Dandara passou pelos estágios de experiência, nos quais teve que comprar todos os Equipamentos de Proteção Individual (EPIs), como jalecos, uniformes brancos, luvas, máscaras e demais itens da enfermagem.

Porém, não se sentia tão bem preparada para atuar na prática, ficava muitas vezes insegura e confusa, em muitos casos apresentava desânimo e timidez, tinha medo de errar nos procedimentos, nem sempre se saía bem na realização de certos procedimentos, vez ou outra ficava nervosa, mas foi adquirindo prática, conhecimentos, habilidades e experiências suficientes, tornando-se capaz de assumir o pleito da enfermagem.

Diante disso, Dandara se desenvolveu nos estágios e na teoria do curso, que foi concluído no período de dois anos, havendo também missa e colação de grau, o que confirma que Dandara podia se considerar uma profissional de saúde habilitada para enfrentar as demandas dessa profissão.

Para Dandara isso foi mais uma realização, pois além de ter se profissionalizado, também poderia se sentir útil por poder servir a quem, por ventura, precisar dos seus trabalhos como auxiliar e técnica em enfermagem.

O BOLETIM DE FOFOCAS

Houve um tempo em que algumas pessoas anônimas escreviam e espalhavam pela cidade um jornal de rua, onde difamava algumas pessoas de Riacho de Santana, nesse caso, não se sabia de onde partiam os escritos.

Certa vez, estando a finalizar o curso de enfermagem, saiu um desses boletins circulando calúnias e difamações a diversas pessoas, inclusive de quatro senhoras do curso de enfermagem, como Dandara possuía uma grande facilidade em redigir textos, suspeitaram, então, que talvez pudesse ter sido ela a redatora deste boletim de boatos.

Assim, julgaram-na, fazendo-lhe acusações e a chamaram em particular para proferirem palavras ofensivas, criando uma situação desagradável e um clima de muita tensão. Bem como houve uma pessoa que frequentava a casa de Dandara, levantou um falso testemunho contra ela, afirmando às senhoras que havia visto a mesma produzindo o tal jornal.

Nesse diapasão, estas senhoras e demais companheiras, também colegas do curso, começaram a ameaçar de levar Dandara à pena de reclusão, ou ainda, fazê-la responder judicialmente com processos.

As ofensas foram tantas que Dandara desenvolveu um estresse pós-traumático, pois por possuir boa índole, jamais seria capaz de cometer tamanha atrocidade, muito menos usaria sua arte para prejudicar alguém.

Perante a isso, a situação ficou incontrolável, a ponto de Dandara passar várias noites em claro, quando cochilava apresentava síndrome do pânico, delirando o tempo todo, apresentava mania de perseguição, achando que as colegas estavam correndo atrás dela com armas de fogo e objetos cortantes para feri-la, desenvolveu ansiedade, insônia, inapetência, passava os dias e as noites encabulada com o episódio.

Consequentemente, Dandara ficou por muitos dias buscando uma válvula de escape, queria sair de casa, correr para o mato, ficar sozinha.

Assim, certo dia, Dandara andou uma légua a pé num sol ardente, entrou no mato de árvores altas, subiu uma montanha, onde subia em pedras de lajedos e gritara bem alto.

Com a mente atordoada, Dandara não pensava em voltar para a casa, observava as depressões da serra, sentindo vontade de despencar em uma delas para jamais ser encontrada, sentia sede, o chinelo quebrou a correia, portanto, andando com o pé descalço se estrepava em espinhos, até que no topo da serra se deparou com uma choupana de enchimento, onde estava fechada, não havia ninguém ali, repousou-se um pouco à sombra do velho casebre, pois estava com insolação, por ali havia um tanque de água suja onde um rebanho de gado bebia, tomou desta água dando grandes goles, ao que lhe ocasionou fortes dores no estômago.

Por haver ficado muitos dias sem se alimentar, sentiu uma tremenda fraqueza e todo o corpo de Dandara tremia, foi então que catou alguns coquinhos licuris que o gado já havia mastigado e, quebrando-os com uma pedra, comia. Concomitante, após ter passado por todo esse sofrimento, Dandara viu que Dona Maria a aguardava em casa, já ansiosa, muito preocupada, então decidiu retornar para casa, onde ficou angustiada por muitos dias.

O CURSINHO PRÉ-VESTIBULAR

Por não haver tido sucesso nas tentativas de vestibular, Dandara se sentiu obrigada a buscar por uma preparação melhor para continuar tentando se inserir no ensino superior. Foi quando decidiu fazer um cursinho preparatório.

Assim, após realizar uma prova a qual fora submetida para garantir a vaga, conseguiu se inserir no cursinho da Fundação Sinésio Sirino da Costa, onde as aulas eram gratuitas, chegando a frequentá-lo por dois anos. A intenção era dominar os conteúdos de Matemática, Português, Física, Química e os demandados no vestibular, bem como do Exame Nacional do Ensino Médio (ENEM).

Estar inserida no cursinho preparatório para o vestibular era motivo de honra para Dandara, pois sabia que estaria dando mais um passo para seu futuro, sabia que com as aulas do cursinho estaria adquirindo novos conhecimentos, se habilitando para prosseguir em busca de seus ideais.

Uma vez no cursinho, Dandara contou com aulas de matemática ministradas pelo professor José Carlos, cuja metodologia facilitava a compreensão dos conteúdos, como também teve aulas de Física com o engenheiro Ivanilson Boa Sorte, que despertou a noção matemática em Dandara. Mas ao tentar o vestibular, novamente não obteve sucesso.

Nesse ínterim, prestou o concurso da prefeitura de Bom Jesus da Lapa, concorrendo à vaga de Técnico em Enfermagem, onde conseguiu ser aprovada, mas perdeu a chance de assumir a vaga devido a um estado de depressão grave do qual foi acometida.

O SURTO PSICÓTICO

A palavra "surto" é popularmente utilizada para descrever mudanças de comportamento inesperadas ou desproporcionais diante de um acontecimento do dia a dia. Porém, diferentemente do que acontece em situações cotidianas específicas, como um acesso de raiva passageiro em meio a uma briga, por exemplo, o surto psicótico normalmente ocorre sem aviso, sendo acompanhado por sintomas psicóticos ou psicose.

De acordo com o médico psiquiátrico André Aguiar, esses sintomas podem ser definidos como "fenômenos sensoriais que envolvem os cinco sentidos ou conteúdos de pensamentos que fogem da realidade".

POR QUE O SURTO?

Existem diversos fatores que podem levar uma pessoa a ter um surto psicótico, dentre eles as condições mentais ou psicológicas do indivíduo, problemas médicos e consumo excessivo de álcool e outras drogas. "A descompensação de quadros de esquizofrenia, transtorno afetivo bipolar e depressão grave são algumas das causas que convergem em sintomatologia psicótica" (DSM-5, 2014). Assim, a psicose é um dos indícios de algumas das formas mais graves de transtorno mental e pode manifestar rapidamente.

SINTOMAS DE UM SURTO PSICÓTICO

Os principais sintomas do surto psicótico são alterações comportamentais agudas, causadas principalmente por alucinações ou delírios.

As pessoas em surto psicótico costumam se perder de maneira muito diferente do habitual. "As alucinações caracterizam-se por fenômenos de senso de percepção, ou seja, ouvir vozes, ver pessoas ou objetos que não existem, bem como imaginar estar em luares dos quais já mais poderiam estar e ser alguém que não condiz com sua realidade" (DSM-5, 2014). Já os delírios são ideias não reais, não compartilhadas pelos seus próximos e que não cedem como nenhum tipo de argumentação lógica. Por exemplo, ter a certeza que está sendo perseguido por alguém ou observado por câmeras.

Os sintomas comuns são: confusão mental, ansiedade, agressividade de comunicação, angústia, isolamento social, perda da noção de tempo e espaço, comportamento catatônico (fica parado sem qualquer reação) e rápidas oscilações de emoções e de humor, como medo, euforia, pânico e raiva.

DIFERENÇA ENTRE NEUROSE E PSICOSE

A principal diferença entre neurose e psicose é a forma que elas afetam a saúde mental. O comportamento neurótico pode estar naturalmente presente em qualquer pessoa, ligada a uma personalidade desenvolvida. Já o comportamento psicótico pode ir e vir como resultado de várias influências como obsessões, fobias, compulsões, alguma depressão e até amnésia. Para alguns psicanalistas, a neurose pode ser identificada como: "conflitos internos entre os impulsos de Id e medos gerais do superego" (DSM-5, 2014). Assim, acontece então, a presença de impulsos sexuais, a incapacidade do ego através da influência racional e lógico para ajudar a pessoa a superar um conflito e a manifestação da ansiedade neurótica.

DANDARA EM SURTO PSICÓTICO

A priori, Dandara se viu diante de tantas responsabilidades, preocupações, angústias, frustrações e derrotas que não foi capaz de suportar tamanha carga psicológica, o que a levou a ter um surto.

Dentre tantas preocupações, estava o fato de a avó ter sido hospitalizada por ter sido acometida por uma suposta pneumonia e, consequentemente, foi diagnosticada com uma Doença Pulmonar Obstrutiva Crônica (DPOC). Com isso, Dandara se viu na obrigação de tomar todos os cuidados com a avó no sentido de acompanhá-la ao Hospital Municipal Amália Coutinho, assim como com todos os cuidados necessários, inclusive de passar as noites com a mesma recostada numa cadeira ao lado do seu leito no hospital.

Nesse ínterim, Dandara precisou se afastar da atividade que realizava como manicure, deixando as clientes sem atendimento para se ocupar com os cuidados com a avó, cuja realidade comprometeu sua renda, pois aquela era sua única forma de obter capital naquele momento.

Nesse caso, Dona Maria, que também se beneficiava desta renda, passou a sofrer as consequências, pois em casa lhe faltava o necessário para sobreviver. Nisso, começou a se preocupar demasiadamente com a possível perda de sua mãe e desenvolveu graves alterações na pressão arterial pelo fato de ser hipertensa.

Com isso, Dandara teve as preocupações dobradas e os compromissos só aumentaram, além de não poder honrar com os compromissos referentes às pequenas dívidas que contraiu durante o período em que fazia unhas.

Diante disso, Dandara se sentiu em apuros frente às responsabilidades e preocupações, começou então a cogitar sobre como ficaria a situação dela e de Dona Maria se acaso a avó viesse a óbito, pois não via como conseguir um emprego para obter uma renda e manter a casa, já que havia concluído recentemente o curso de Técnico em Enfermagem e realizado concurso público, mas não tinha certeza da aprovação no certame.

Observa-se que até então, o recurso da aposentadoria da avó era a única fonte de renda da casa, pois, embora Dandara trabalhasse no Salão Modelo na atividade de manicure, o dinheiro não daria para arcar com as despesas e o tratamento medicamentoso de Dona Maria.

DANDARA ENTRA EM DEPRESSÃO

A depressão é um conjunto de condições associadas à elevação ou ao rebaixamento do humor, como depressão ou transtorno bipolar.

Portanto, é um distúrbio mental caracterizado por depressão persistente ou perda de interesse em atividades, prejudicando significativamente o dia a dia. Bem como, a depressão é um distúrbio associado a alterações de humor que vão da depressão ao episódio de obsessão.

Vendo-se em uma situação incontrolável, Dandara desenvolveu uma depressão grave, passando a apresentar todos os sintomas acima relacionados.

Diante de tamanha pressão psicológica, a jovem que aparentemente era forte e saudável, apresentava crises constantes de choros intermitentes, queixava-se de fortes dores no peito, apresentava dispneia (falta de ar), crises de ansiedade, insônia, mania de perseguição, crises súbitas de raiva e medos.

Após ter sido acometida por uma influenza e em meio aos sintomas da depressão, Dandara apresentou ainda uma tosse persistente que só agravou a situação, ao que tudo isso incorreu para a perda de peso, perda de massa muscular, fraqueza, falta de apetite, perda da memória (amnésia) perda da coordenação motora que implicou na habilidade da escrita, da deglutição e da coordenação motora fina. Como também alteração na marcha, apresentava sensações estranhas e comportamentos inadequados, inclusive no caráter.

Enquanto isso, Dandara não se contentava em ficar em casa, corria o dia inteiro nas ruas, entrava em todas as casas, furtava pequenos objetos, falava muito alto e rapidamente, sorria sem motivos com gargalhadas estridentes e chegou a dormir algumas noites nas calçadas das praças públicas afirmando que era Franciscana.

Ainda, tomou uma condução com um desconhecido rumo a Bom Jesus da Lapa, cujo sujeito a agrediu no percurso, fazendo ameaças e investidas com assédios, deixando-a ensanguentada, com hematomas e abandonada na cidade, onde passou a noite ao léu, chegou inclusive a agredir um guarda-noturno.

Mas, mesmo estando em surto, Dandara jamais se apartou de suas orações, pois tendo estado na referida cidade, direcionou-se à Gruta do Bom Jesus para participar da celebração da Santa Missa e pedir proteção ao Divino. Ao que tudo ocorreu bem, já que Dandara foi amparada pelos amigos Tito Eugênio e Nádia Beatriz, retornando com eles para casa.

Nesse meio tempo, Dandara teve vários delírios e alucinações, de modo a se apresentar para as pessoas dizendo "prazer, eu sou a juíza" e alegar que havia se encontrado com o Papa João Paulo II, dialogado com o mesmo, que para Dandara chegou a dizer que o mundo havia chegado ao fim e que ela seria a grande culpada de tantas misérias e toda a destruição do universo.

Bem como, em um dos seus delírios, Dandara confundiu um médico psiquiatra com o Padre Aldo, ajoelhando-se em frente ao mesmo, pedindo-lhe orações e afirmando para as pessoas que o padre havia ressuscitado.

Ademais, Dandara antipatizava com as pessoas da família, chegando a querer matar a avó a pauladas, espancar o tio, se descontrolar com dona Maria ao ponto de fazê-la sofrer.

Nesse tempo, Dona Maria perdeu o controle da situação, pôs-se a correr atrás de Dandara quando a mesma saía correndo pelas ruas, já não se importava mais com sua saúde, não se alimentava, não dormia e chorava constantemente.

Diante do referido momento, no qual se concretizaram as perdas e desorientações, Dandara pôde contar com o apoio de diversas pessoas amigas, que além de lhe fazerem visitas constantes, ajudaram-na com itens alimentícios, palavras afáveis e gestos de carinho.

Dentre elas, a amiga e vizinha psicóloga Talita Neves, o Sr. Francisco Eliane, a Sr.ª Maria Isabel (Dona Neném), a Sr.ª Zumerinda, a Sr.ª Alvina Rosa, o amigo Valdiorlan, a amiga bioquímica Dr.ª Andreza Rocha, a amiga enfermeira Regina Barretos, a amiga Euni Batista, a amiga psicóloga Azenat Goobi, a amiga Fátima, a amiga Rute Maria, a amiga Dora, a prima e amiga Rosenilde, a prima e amiga Lili, a amiga e vizinha Cida, a amiga e vizinha Deíse Barbosa, a amiga e vizinha Vilma Rodrigues, o amigo Ricardo Guimarães, a amiga Edna Rosa e a amiga Nivalda.

Essas pessoas compreendem e fazem jus a um provérbio de Carl Jung[2] que diz: "conheça todas as teorias, domine todas as técnicas, mas ao tocar uma alma humana, seja apenas outra alma humana".

Porém, diversas outras pessoas afastaram-se de Dandara, se escondiam dela, corriam para se livrarem de sua presença, muitas pessoas a criticavam, riam, zombavam da situação, pois Dandara apresentava aspectos de louca.

---

[2] Carl Gustav Jung foi um psiquiatra e psicoterapeuta suíço, fundador da psicologia analítica. Com um legado influente nos campos de psiquiatria, filosofia ciência da religião e literatura.

DANDARA É HOSPITALIZADA

Diante do comportamento completamente estranho que Dandara apresentou, Dona Maria tomou a iniciativa de interná-la no Hospital Amália Coutinho, pois observou que dentre tantas alterações, Dandara conversava muito alto e apressadamente, falando coisas sem sentido, dormia na rua, corria sem destino, agredia as pessoas em casa e na rua, e apresentava momentos súbitos de raiva, fugia de casa para o mato para ficar só.

Estando no leito do hospital supracitado, Dandara mantinha-se o tempo todo calada, com o olhar fixo em algum lugar, salivando em excesso, trêmula e fraca, não respondia com verbalizações, apresentava choro intermitente.

Após dias ali, sem apresentar uma melhora, recebeu alta e retornou para a casa. Mas continuou desorientada, não parava quieta, desarrumava a casa, tirava os objetos dos seus lugares, espalhava-os no chão, dizia constantemente que iria morrer, se isolava em seu quarto a fazer orações, tinha a impressão de que alguém estaria sujando suas peças íntimas, portanto, retirava as vestes e desfilava nua pela casa, ao que Dona Maria recolocava-lhe suas vestes num processo constante.

A APARIÇÃO DE NOSSA SENHORA

Na varanda da casa onde morava, Dandara teve uma visualização magnífica, em que sentiu uma presença sagrada naquele ambiente, aquilo lhe proporcionara muita paz.

Estando Dandara muito atordoada por alguns psicoativos, não pôde deixar de perceber uma onda de raios de luz muito radiante que adentrava a varanda, vindos do corredor que dava acesso à sala.

Ao passar por entre os raios reluzentes, Dandara se dirigiu ao quarto onde dormia, ao apagar a luz pôde notar que ali estava ao lado da cama uma senhora muito bela que trajava um longo vestido branco, usava um véu cobrindo-lhe os cabelos, sua cabeça era envolvida por uma grinalda de flores brancas com diversos *strass* que emitiam raios de luz, os quais iluminavam todo o quarto formando uma linda penumbra.

Aquela era a presença de Nossa Senhora, era a mãe de Jesus. Naquele instante, Dandara sentia que a Mãe viera lhe visitar trazendo a misericórdia e a esperança.

Dandara se emocionou com aquela presença que lhe transmitia muito conforto. De forma silenciosa, a Santa Mãe fazia um gesto com as mãos como que chamasse Dandara para perto dela, como se estivesse acolhendo-a.

O HOSPITAL PSIQUIÁTRICO AFRÂNIO PEIXOTO

Diante da gravidade da situação vivida por Dandara, foi necessário que Dona Maria a encaminhasse para um tratamento mais sério e contou com o apoio da tia de Dandara para que a levasse à Vitória da Conquista para se internar no hospital Afrânio Peixoto, pois além do comportamento com atitudes vergonhosas, já não era possível manter Dandara em casa, já que a mesma corria por todas as ruas, abordava os carros e caminhões na avenida, socava as pessoas, saia seminua e apresentava desconforto e constrangimento a quem a encontrasse.

Afinal, a tia Cida a internou no referido hospital psiquiátrico sob os cuidados de enfermeiros, psicólogos e psiquiatras.

A partida para a cidade de Vitória da Conquista se deu numa madrugada, mas até então Dandara não sabia para onde estava sendo conduzida, e o episódio da partida deixou Dona Maria muito desolada.

Ao passar pela recepção do referido hospital, Dandara foi conduzida por dois seguranças que fortemente seguravam-na, apertando-lhe o braço e atraindo-a contra o peito, enquanto que a mesma se debatia por não querer adentrar o ambiente.

A entrada dava-se por enormes grades e portões, fechados com fortes cadeados que impossibilitava qualquer tentativa de fuga.

Uma vez na ala feminina do Afrânio Peixoto, Dandara ainda desorientada e já sedada, se encontrava variada e se sentia perdida, imediatamente foi jogada numa cama pelos seguranças que amarraram-lhe as mãos e pés com faixas, prendendo-a na cama e deixando-a contida. Consequentemente, fora realizada a punção venosa pela enfermeira, e administradas altas doses de antidepressivos.

Nesse caso, Dandara passou por um longo processo de perda de identidade, de modo a suportar uma realidade que a deixava sem rumo.

Dormia contida, então, ali mesmo, no leito, fazia as necessidades fisiológicas, pela manhã, logo cedo, algum enfermeiro viria desatar as faixas e encaminhar Dandara ao banho, que além de ser muito frio, ou às vezes muito quente, machucavam suas partes íntimas esfregando-lhe a toalha brutalmente, lavavam também seus cabelos e a encaminhava para a sala de terapia.

Naquilo, Dandara chorava incontrolavelmente, clamando por Deus. Fazia preces e orações pedindo ao bom Deus que lhe trouxesse a saúde e a liberdade de volta, para que pudesse retomar sua rotina voltando para casa para cuidar de Dona Maria, retomar a atividade de manicure e poder realizar o sonho de fazer faculdade.

No entanto, estando naquele ambiente em tratamento intensivo, Dandara sentia fortes dores no peito, angústias, sensação de abandono, solidão e tédio.

Além disso, se sentia oprimida pelas ataduras que lhe prendiam ao leito todas as noites, estando contida pelas faixas, Dandara se debatia com toda a força, o que incorria em perda da veia pelo escalpe que fazia relação na administração de soro e medicamentos.

Naquilo, as faixas machucavam seus braços e pernas, a alimentação ficou comprometida, pois a mandíbula e o maxilar perderam a força muscular, o que impossibilitava a mastigação e deglutição, perdeu-se ainda a coordenação motora fina, comprometendo a escrita.

Além disso, Dandara chegou a ser surrada por outros pacientes que a empurravam, davam lhe puxões de cabelo, chutes e pontapés e batiam sua cabeça contra as paredes. Bem como, se deparou com um tratamento desumano por parte de algumas enfermeiras que a tratavam com ignorância e grosseria.

Dandara implorava ao Deus vivo pela sua recuperação, a ponto de se ajoelhar em meio aos corredores do Afrânio, fazendo orações, pois sentia suas pernas fracas e todo o corpo debilitado, extremidades frias e trêmulas, rosto desfigurado, pois havia perdido o colorido da vida, não via graça em nada. Mas se sentiu muito satisfeita ao receber a visita de Dona Maria e da prima Cleide que não mediu esforços para ir até Vitória da Conquista visitá-la.

Muito embora Dandara tentasse modificar o seu comportamento, seus impulsos eram mais fortes, ao ponto de achar que era modelo e possuir um corpo esbelto. Portanto, jogava papel higiênico no chão, de modo a formar uma possível passarela para desfilar nua, com os cabelos ao vento e embaraçados. Além disso, andava por todos os lugares descalço, pois perdiam os chinelos constantemente, catava lixo no muro, juntava papéis de bala, pedaços de bexigas, pequenos fragmentos e valorizava cada coisa velha que catava, selecionando-as por cores, tamanhos e espessuras.

Devido à falta de comportamento, e com o passar do tempo sem ter uma melhora, a equipe de enfermeiros colocava Dandara para fora da ala feminina do hospital, de sorte a deixá-la passar a noite nos corredores que ficavam turvos com o apagar das luzes, o frio ardia em sua pele, pois chovia muito, ao que por algumas noites chegou a dormir ao léu.

O CENTRO DE ATENÇÃO PSICOSSOCIAL

Após retornar de Vitória da Conquista, de onde Dandara não obteve resposta satisfatória ao tratamento, Dona Maria procurou apoio da Assistência Social por meio do Centro de Atenção Psicossocial (CAPS) São Camilo de Riacho de Santana. Local onde Dandara foi acolhida pela enfermeira Regina Barretos, a psicóloga Azenat e demais membros da equipe da referida instituição.

O CAPS é um espaço de acolhimento da pessoa com deficiência e transtornos mentais, a instituição tem o compromisso de socializar os sujeitos que sofrem de algum distúrbio ou transtorno, através de atividades terapêuticas e acompanhamento medicamentoso intensivo, de modo a promover a estabilidade no comportamento e a reinserção social.

A referida instituição é a extensão da Rede de Assistência Social (RAS), que permite desenvolver um trabalho terapêutico e medicamentoso, por meio de oficinas terapêuticas, acompanhamento psicoterapêutico e psicofármacos.

Algumas medidas terapêuticas são tomadas no sentido de promover a reabilitação e a retomada do sujeito ao mercado de trabalho. Para isso, conta com o apoio de diversas entidades ligadas ao setor público que definem ações de intervenção ao processo de reabilitação dos pacientes.

Naquele ambiente, a realidade era totalmente diferente, Dandara se sentiu acolhida, amada e respeitada, o tratamento humanizado fez toda a diferença e contribuiu significativamente para a sua recuperação. Nesse caso, a proposta da instituição obteve êxito no que se refere ao tratamento intensivo de Dandara.

Muito embora, inicialmente, Dandara tenha apresentado grande dificuldade ao fazer uso da medicação, sentia que as pessoas tinham a intenção de matá-la e se sentia muito mal ao se submeter ao uso dos psicofármacos.

Ao adentrar o espaço do CAPS, Dandara ainda se encontrava desorientada, apresentando delírios e alucinações, a medicação lhe deixava sonolenta e com amnésia, as extremidades eram ainda frias e trêmulas, o corpo endurecido, o semblante apagado e sombrio, os queixos tremiam. Além disso, os braços de tão estressados pelas diversas punções venosas não se desdobravam, a marcha apresentava deformações e a coordenação motora fina estava comprometida, o que dificultava a escrita.

Foi quando Dandara ingressou nas aulas do Programa do governo Federal Todos Pela Alfabetização (TOPA), que eram ministradas no CAPS pela orientadora Isa Nataline.

Mesmo que não pudesse ser matriculada no referido programa por já possuir a formação no antigo Magistério e no ensino médio, Dandara acompanhou as aulas realizando as atividades, com o intuito de retomar sua habilidade para escrever. Ao que deu certo, pois as atividades lhe possibilitaram despertar a coordenação motora fina e a reabilitação na aquisição dos mecanismos da escrita.

De posse da possibilidade de voltar a escrever, Dandara se pôs a expressar seus sentimentos por meio de poemas de sua própria autoria no momento em que se encontrava na melancolia da depressão. Eram rabiscos sem nexo em que as ideias não possuíam nenhuma ligação, ao que Dandara tentou reorganizar em meio às garatujas para resgatar as expressões de sentimentos que permeavam seu pensamento e suas emoções.

    Dentre outros poemas, Dandara escreveu duas exaltações à morte. Porém, ao se recompor em seus processos mentais, Dandara desperta um novo olhar para a vida, de modo a entender que este mistério precisa ser vivenciado com ardor e entusiasmo, pois foi dado a vida a cada ser humano, como dádiva do Criador que fez o universo, portanto, somente Ele determinará o início e o fim deste sopro.

OH AMADA MORTE!

Oh amada morte, por que insistes em me deixar aqui?
Acaso não me vês?
Há uma vida sombria a te esperar,
Sinto um aperto a comprimir o meu peito,
Minha mente se acelera a pensar,
Eis o meu corpo desfalecido no chão frio a definhar,
E eu procurando por mim nesta noite chuvosa de novembro,
Oh tão bela e majestosa morte, por que não vens?
Acaso não me ouves?
Eis-me aos gritos a clamar,
Há uma flecha em minha alma afligindo o meu ser,
Eis um coração palpitante a sofrer as lacunas de um viver sem sentido,
Já não sei mais nem quem eu sou,
Eis um milhão de perguntas sem respostas,
Portas e janelas estão aguardando a sua chegada,
Eis-me a clamar por ti,
Agora que esse mundo medíocre perdeu o colorido,
E o existir já não faz sentido,
Oh gloriosa morte, por que foges de mim?

MORTE, Ó MORTE!

Morte, ó morte! Qual será o momento em que se realizará?
Tu és descanso para uma vida sofrida,
Na desilusão, eu neurótica me vejo sem nenhuma certeza,
Apenas estou convicta de que és bem-vinda,
Sinto me perdida nesta vida que se finda,
Tenho andado pelo longo caminho, que ora se encerra neste latifúndio,
Neste caminhar, me perco na longa estrada,
Esperança? Ah, essa eu já não mais tenho,
Em cada curva me vejo sem rumo,
Sem destino, eu grito seu nome, morte!
Por que insistes em me deixar?
Bendita és tu, que rompes a melancolia e a dor!
Tu és a certeza do destino!
Dar-te-ia a vida para a tua face contemplar,
Seguir-te-ei sem reclamar,
Oh, nobre companheira!

Em tempo, reitero que diante de qualquer momento de angústia, dor, frustração e perda da vontade de viver, falar é a melhor solução, se abra! Procure ajuda junto a quem entende da alma, busque tratamento especial, conte com amigos e familiares, ninguém é tão forte a ponto de nunca se abater.

Quanto aos sonhos, afirmo que é possível que todos possam ser realizados, desde que cada sujeito que luta pelas suas realizações tenha sempre muita determinação.

REFERÊNCIAS

ALMANAQUE ABRIL. **Mundo estranho.** Disponível em: www.institutologaio.com.br. Acesso em: 4 jul. 2018.

GAARDER, Jostein. **O mundo de Sofia:** romance da história da filosofia. Tradução de Leonardo Pinto Silva. 1. ed. São Paulo: Companhia das Letras, 2012.

MANUAL DIAGNOSTICO ESTATÍSTICO DE TRANSTORNOS MENTAIS [recurso eletrônico]: DSM-5/ [American Psychiatric Association; Tradução de Maria Inês Corrêa Nascimento *et al.*; revisão técnica de Aristides Volpato Cordioli *et al.*] 5. ed. Porto Alegre: Artmed, 2014.

SOUZA, Carolina; PIETROCOLA Mauricio; FAGIONATO Sandra. **Tempo de ciências.** 8º ano. ed. São Paulo: Editora do Brasil, 2018. (Coleção tempo).